EINFÜHRUNG

Wir leben in seltsamen, schwierigen Zeiten. Zeiten mit großen Entwicklungen. Zeiten mit beinahe unlösbar scheinenden Herausforderungen. Zeiten, die irgendwie stressiger und komplizierter sind als früher.

Ich weiß nicht, wie das bei dir ist, ich finde, das kann einen schon belasten und unter Druck setzen. Manchmal hast du vielleicht sogar das Gefühl, dass du durchdrehen könntest.

Damit das nicht passiert, gibt es dieses Buch. Es liefert dir eine konkrete Anleitung, wie du trotz all des Wahnsinns da draußen ruhig, entspannt und konstruktiv bleibst. Auch wenn die Welt um dich herum immer verrückter zu werden scheint.

Du findest hier eine Anleitung, wie du in aufreibenden und unklaren Situationen gut zurechtkommst, wie du die Herausforderungen deines Lebens einfacher bewältigst und schließlich – wie du bei all dem deine innere Ruhe und Gelassenheit bewahrst.

Das Ziel ist, dass du souverän mit allem umzugehen lernst, was das Leben dir vor die Füße wirft. Damit du trotz allem eine gute, entspannte und erfüllte Zeit auf diesem Planeten hast.

WAS DIESES BUCH FÜR DICH TUN KANN

Die Anleitung, wie du nicht durchdrehst, besteht aus drei Teilen. In Teil 1 findest du die zehn großen Prinzipien. Das sind einfache und zeitlose Grundsätze, die dir helfen, bei dir zu bleiben

RALF SENFTLEBEN

Die Kunst, in schwierigen Zeiten nicht durchzudrehen

Geniale Strategien für mehr Stärke und Gelassenheit im Alltag

INHALT

und mit allem besser zurechtzukommen. Wenn du diese Prinzipien verinnerlichst, wirst du es viel einfacher haben im Leben. Du wirst dich deutlich weniger über Dinge aufregen, die du nicht ändern kannst, und dich mehr auf das konzentrieren, was dein Leben besser macht. Du wirst auch weniger aufschieben, weniger Probleme haben und immer öfter einfach das tun, was getan werden muss.

In Teil 2 findest du eine Reihe von konkreten Techniken, mit denen du dich selbst beruhigen kannst, wenn du sehr unter Druck stehst. Du lernst Methoden, wie du wieder zu deiner Mitte zurückfindest. Wie du Dinge innerlich loslässt, die du sowieso nicht ändern kannst. Oder wie du gute Entscheidungen triffst. Also alles Techniken, die dir dabei helfen, dass du auch in stressigen Zeiten handlungsfähig bleibst und deine innere Harmonie aufrechterhältst.

In Teil 3 wird es dann praktisch. Da gehen wir anhand von Fallbeispielen die unterschiedlichsten alltäglichen Herausforderungen durch. So etwas wie, dass dein Kollege unfreundlich zu dir ist, du beim Onlineshopping übers Ohr gehauen wurdest oder dein Partner sich von dir getrennt hat. Wir nehmen solche konkreten Situationen und spielen durch, wie du die Prinzipien und Techniken aus diesem Buch darauf anwenden kannst – also wie du mit schwierigen Situationen umgehen kannst, ohne dabei durchzudrehen.

Wenn du die Grundprinzipien verstanden, die Techniken eingeübt und die Fallbeispiele verinnerlicht hast, wirst du immer häufiger auch in fordernden Momenten gelassen bleiben und einen klaren Kopf bewahren. Und wenn du dich doch einmal aufgeregt hast, wirst du schneller in deine Mitte zurückkehren und weniger Zeit mit Sorgen, Gedankenspiralen oder Schuldzuweisungen verbringen. Kurz: Du wirst dein Leben mehr im Griff haben – und das ist ein wunderbares Gefühl.

Also, lass uns gleich mit dem 1. Prinzip loslegen, das dich entspannter und gelassener macht.

DIE ZEHN GROSSEN PRINZIPIEN

Wir Menschen brauchen konstruktive Prinzipien, an denen wir uns orientieren können. Denn wenn wir uns frei unseren inneren Impulsen und Automatismen hingeben, kann es schnell passieren, dass wir Mist bauen und uns selbst schaden. Hier findest du deshalb die 10 großen Prinzipien – einfache, aber mächtige Grundsätze, an die du dich halten kannst, um dein Leben reicher, schöner und entspannter zu machen.

1. KONZENTRIERE DICH AUF DAS, WAS DU BEEINFLUSSEN KANNST

Du spürst immer dann Stress, Frust und Druck, wenn du Dinge willst oder sollst, die du nicht beeinflussen kannst. Wenn du für drei arbeiten musst, weil offene Stellen in deiner Abteilung nicht nachbesetzt werden. Wenn deine Frau von dir erwartet, dass du mehr Geld verdienst, und du weißt nicht, wie das gehen soll. Wenn du gerne Frieden auf der Welt hättest, aber die Diktatoren dieser Welt sich gegenseitig bekämpfen. Wenn du willst, dass dein Partner dich immer noch liebt und bei dir bleibt, er aber die Koffer packt und geht.

Es ist immer das Gleiche: Wenn wir etwas wollen oder sollen, dass wir nicht kontrollieren können, erzeugt das Stress und Ohnmachtsgefühle in uns. Oder anders gesagt: Es lässt uns auf kurz oder lang durchdrehen.

DER KAMPF ENTSTEHT IN UNS DRINNEN

Und das Gegenmittel? Stell dir mal ganz naiv vor, du würdest nur noch Dinge wollen, die du selbst in der Hand hast. Was du zum Frühstück isst. Wie du dein Wohnzimmer dekorierst. Welche Blumen du in deinen Garten pflanzt. Wie du mit deinen Kindern sprichst. Wenn du nur noch solche Dinge wollen würdest und die anderen Umstände und Gegebenheiten akzeptieren könntest, wie sie sind, wäre dein Leben sehr viel einfacher und entspannter, nicht wahr? Aber so ticken wir Menschen natürlich nicht. Wir wollen auch Dinge, die nicht in unserer Macht liegen. Wir wollen, dass niemand aus unserer Familie krank wird, wir wollen einen Beruf, der uns täglich Spaß macht, Politiker, die sich um das Gemeinwohl kümmern, und eine schöne Vierzimmerwohnung im Herzen von München für 800 Euro.

Das alles zu wollen ist vollkommen nachvollziehbar. Das Problem daran ist: Wenn wir es nicht bekommen, macht uns das in den meisten Fällen traurig, wütend oder es verleiht uns ein Gefühl von Ohnmacht. Kurz gesagt: Es stresst uns, körperlich und mental.

Nicht die Dinge selbst erzeugen Druck und Stress in uns, sondern der Umstand, dass wir sie anders wollen, als sie sind – dass wir etwas wollen, was wir nicht beeinflussen können.

Zu den Dingen, die uns ebenfalls stressen, gehören übrigens auch gesellschaftliche Missstände: Korruption, Populisten, die Ungleichverteilung des Reichtums und dass berufstätige Frauen noch immer schlechter bezahlt werden als Männer. Und auch hier stresst es uns, wenn wir uns über diese Missstände aufregen.

Sich über so etwas zu ärgern und zu beklagen, ist weit verbreitet und vollkommen normal. Doch eines ist wichtig zu begreifen: Wenn wir innerlich gegen Dinge ankämpfen, die wir nicht ändern können oder wollen, dann setzt uns das unter Druck – und das macht uns langfristig krank. Es ist wirklich wichtig, sich das immer wieder bewusst zu machen, denn eines ist klar: Die Welt da draußen kannst du nicht unmittelbar ändern, deine Haltung dazu aber schon.

DIE 90/10-REGEL

Schau dir die folgende Tabelle einmal genauer an. Dein Stress und dein Frust entstehen, wenn du dich gedanklich viel in der ersten und zweiten Spalte aufhältst, wenn du dich also viel mit den Dingen beschäftigst, auf die du keinen Einfluss hast.

Was ich nur minimal oder gar nicht beeinflussen kann	Was ich nur teilweise beeinflussen kann	Was ich direkt beeinflussen kann
• Die globale oder nationale Politik • Ob es Krieg auf der Welt gibt • Die globale oder nationale Wirtschaft • Die großen Trends, wie die Digitalisierung, Urbanisierung oder die Globalisierung • Die Gesellschaft als Ganzes • Das Wetter an einem Ort • Krankheitswellen oder gar Pandemien • Was andere Menschen tun, denken, fühlen, wollen und was ihnen wichtig ist • Ob sich andere Menschen korrekt verhalten	• Den Eindruck, den andere von mir haben • Ob andere mir vertrauen • Wie wichtig anderen meine Meinung ist • Unfälle, die mir passieren, obwohl ich vorsichtig bin • Krankheiten, die ich bekomme, obwohl ich vernünftig bin • Wahlergebnisse • Kündigung der Wohnung • Verlust des Arbeitsplatzes	• Was ich tue und nicht mehr tue • Was ich kaufe oder nicht mehr kaufe • Was ich anderen vorlebe • Wem ich helfe • Wo ich wohne • Mit wem ich mich umgebe • Die Pflichten, die ich annehme • Die Pflichten, die ich abgebe • Wofür ich mich entscheide • Wie ich auf das, was andere sagen und tun, reagiere • Was ich lerne und übe • Wie ich meine Umgebung gestalte • Wie ich mich anderen gegenüber verhalte • Die Grenzen, die ich setze • Welchen Einflüssen (Medien, Freunden) ich mich aussetze, wohlwissend, dass diese Einflüsse mich beeinflussen

Immer, wenn du etwas willst, das jenseits deiner Möglichkeiten liegt, erzeugt das ein kleines bisschen Unruhe und Unzufriedenheit in dir. Ein bisschen nur, aber der Stress ist da. Und wenn es viele Dinge gibt, die du willst oder sollst, und du viele dieser Dinge nicht in der Hand hast, dann addiert sich dein Stress. Bis du ihn sehr deutlich in Form von Anspannung und Unzufriedenheit oder auch Krankheiten spürst.

Je mehr Dinge wir wollen, auf die wir keinen Einfluss haben, desto unzufriedener werden wir. Desto eher drehen wir durch.

Du brauchst ein gesundes Maß

Es ist wie gesagt normal, Dinge zu wollen, die wir nicht haben können, oder dass Menschen uns Aufgaben stellen, die jenseits unserer Möglichkeiten liegen. (Bei mir zum Beispiel, wenn meine Frau sich wünscht, ich solle doch bitte ordentlicher sein.) Aber wenn du nicht durchdrehen willst, dann brauchst du bei deinen Wünschen und Pflichten ein gesundes Verhältnis zwischen den Dingen, die du direkt beeinflussen kannst, und den Dingen, bei denen du leider nicht viel machen kannst.

Es wird sehr viel Zeit und Energie frei, wenn du dich vor allem um die Dinge kümmerst, die du auch beeinflussen kannst. Kümmere dich zu 90 Prozent um Dinge, die du in der Hand hast, und zu 10 Prozent um Dinge, die jenseits deiner direkten Einflusssphäre liegen. So bleibst du entspannt und gelassen.

Mach eine Bestandsaufnahme

Mach spaßeshalber mal eine Liste mit all den Dingen, die du eigentlich für dich, für deine Lieben und für die Welt willst, die aber im Augenblick nicht da sind. Schreib auf die Liste auch die Dinge, die andere von dir wollen, dein Partner, deine Kinder, dein Boss. Und schließlich auch die Dinge, über die du dich aufregst, die du also anders willst. Schreib solche Dinge auf wie: einen liebevollen Partner (wenn deiner eher abgekühlt ist), im Büro deine Fallzahl schaffen, mehr Geld für das Bildungssystem, dass deine Kinder einen guten Ausbildungsplatz bekommen und dass dein doofer Nachbar endlich wegzieht. Mach eine lange Liste mit allem, was du dir für dich, für andere und für die Welt wünschst.

Das Spektrum deines Einflusses

Schau dir nun die folgende Abbildung an. Hier siehst du die vier Bereiche, die kennzeichnen, wie weit das Spektrum deines Einflusses reicht und wo es zu Ende ist. Du siehst hier auch, wie viel Aufmerksamkeit du diesen vier Bereichen jeweils widmen solltest. Lies dir auf der nächsten Seite die zugehörigen Erläuterungen der einzelnen Bereiche gut durch.

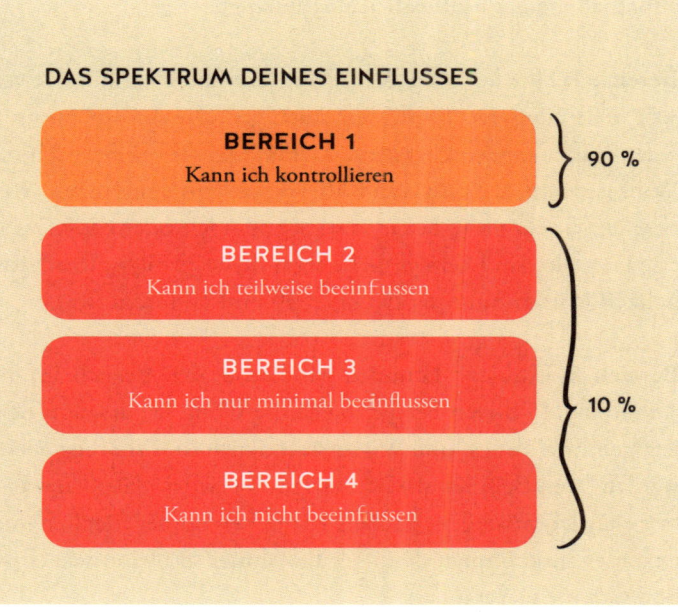

DAS SPEKTRUM DEINES EINFLUSSES

BEREICH 1
Kann ich kontrollieren
90 %

BEREICH 2
Kann ich teilweise beeinflussen

BEREICH 3
Kann ich nur minimal beeinflussen
10 %

BEREICH 4
Kann ich nicht beeinflussen

Bereich 1: Das sind die Dinge, wo die Wahrscheinlichkeit bei 75 bis 100 Prozent liegt, dass du sie durch dein Handeln erreichen kannst. Dinge, bei denen du dir höchstens selbst durch deine Bequemlichkeit oder Unorganisiertheit einen Strich durch die Rechnung machst. So etwas wie täglich Zahnseide benutzen, jeden Tag 20 Minuten spazieren gehen oder deinem Partner häufig ein Kompliment machen.

Bereich 2: Das sind die Wünsche und Ziele, bei denen du viel Einfluss hast. Wo aber der Erfolg trotzdem nicht garantiert ist, weil du nicht alle Aspekte der Verwirklichung in der Hand hast. Hier liegt die Erfolgswahrscheinlichkeit gefühlt zwischen 40 und 75 Prozent. So etwas wie: einen besseren Job, den Traummann oder die Traumfrau finden oder das Auto noch mal durch den TÜV bekommen.

Das alles sind Ziele und Wünsche, zu denen du deinen Teil beitragen kannst, wo der Erfolg aber stark von Umständen außerhalb deines Einflussbereichs abhängt.

Bereich 3: Hier kommen deine Wünsche und Ziele hin, die von sehr vielen äußeren Einflüssen abhängen, die du nur minimal beeinflussen kannst: dass deine Lieblingspartei bei der nächsten Wahl gewinnt, dass du unter 500 Bewerbern genommen wirst oder als Musikerin so bekannt wirst wie Adele oder Lady Gaga.

Das alles sind Dinge, bei denen deine Erfolgswahrscheinlichkeit je nach Anliegen zwischen 40 und 1 Prozent liegt.

Bereich 4: Und jetzt kommen wir zum letzten Bereich auf der Abbildung. In diesen Bereich fallen die Wünsche, die nach dem jetzigen Erfahrungs- und Wissensstand nicht in Erfüllung gehen werden: zum Beispiel, dass du ewig leben wirst, dass deine Lieben ewig leben werden, dass alle Menschen immer friedlich miteinander auskommen, dass alles für immer so bleibt, wie es ist, und sich nichts verändert.

Nun nimm deine Liste zur Hand und ordne deine Wünsche und Ziele diesen vier Bereichen zu. Du wirst merken, das kann sehr erhellend sein. Denn je mehr deiner Wünsche sich in den Bereichen 1 und 2 befinden, desto mehr hast du das Gefühl, dein Leben im Griff zu haben. Je mehr deiner Wünsche sich im Bereich 3 und 4 befinden, desto ohnmächtiger fühlst du dich vermutlich.

DAS WOLLEN ABSTELLEN

Das 1. Prinzip lautet: Konzentriere dich auf das, was du beeinflussen kannst. Aber wie soll das gehen? Wenn du etwas willst oder dir etwas wünschst, dann ist das doch so. Das kannst du ja nicht einfach abstellen, oder?

Doch, kannst du. Indem du dir klarmachst, dass dein Wollen oft ein sehr irrationales Gefühl ist und deine Wünsche häufig nur romantische Vorstellungen sind. Besonders, wenn du dir Dinge wünschst, die du noch nie vorher gehabt hast und von denen du deswegen gar nicht weißt, ob du die Sache dann wirklich magst

Es ist so viel entspannter, sich Dinge zwar zu wünschen, aber locker zu bleiben, wenn es anders kommt.

oder ob sie gut für dich ist. Du kannst dein Wollen auch abstellen, indem du deinen Fokus verschiebst. Lass uns hier einmal die konkreten Schritte anschauen, wie das geht.

1. Dich entspannen

Der erste Schritt, um weniger zu wollen, besteht darin, dich ein bisschen zu entspannen, was deine Wünsche, Ziele und Sehnsüchte angeht. Hier hilft es dir, auf andere Art über deine Wünsche nachzudenken. Wenn jemand etwas wirklich will, dann denkt dieser Mensch oft so etwas wie: »Ich muss diese

Beförderung unbedingt bekommen«, oder: »Wenn sie Nein sagt, werde ich am Boden zerstört sein«, oder: »Es muss ein SUV sein, ein normales Auto kommt mir nicht in die Garage.«

Das ist eine unentspannte und verkniffene Denkweise. Wir können aber auch entspannt über diese Dinge nachdenken: »Ja klar, es wäre mir schon lieber, wenn ich die Beförderung bekäme, aber ich kann auch glücklich und zufrieden leben, wenn ich sie nicht bekomme.« Oder: »Ja klar, ich würde es natürlich lieber haben, dass sie Ja sagt. Aber wenn nicht, geht das Leben weiter und jemand Neues wird an meinem Horizont erscheinen.« Oder: »Ja schon, ein SUV wäre schön. Aber hey, es ist nur ein Auto, ein kleineres tut es im Zweifelsfall genauso.«

Wir versteifen uns so oft auf bestimmte Wünsche und Vorstellungen und reden uns ein, dass unser Lebensglück davon abhängt. Wie ein Fünfjähriger, der ausrastet, weil Mama ihm im Spielzeugladen nicht dieses eine bestimmte Auto kaufen will.

Doch dein Glück hängt nicht davon ab, ob du in einem großen oder kleinen Haus wohnst, jedes Jahr Skiferien machen kannst oder ständig das neuestes Handymodell hast. Dein Glück hängt von anderen Dingen ab – nämlich davon, ob die grundlegenden Parameter in deinem Leben stimmen. Ob du also einigermaßen gesund bist, ein gutes soziales Netz und genug Geld zum Leben hast und nicht um deine Sicherheit fürchten musst.

Erstaunlich oft wissen wir gar nicht, was uns wirklich glücklich macht. Meistens sind es die Dinge, die einfach zu erreichen sind.

Davon, wie dankbar du bist für die Dinge, die du hast, und wie achtsam und bewusst du sie genießt. Und schließlich, ob du das Gefühl hast, über dein Leben selbst bestimmen zu können.

Um den Megastar Jim Carrey zu zitieren: »Ich wünschte, jeder wäre einmal reich und könnte alles haben, wovon er träumt – um zu sehen, dass das nicht die Antwort ist.« Wenn du das verstanden hast, wirst du entspannter. Und entspannt zu sein, heißt, dich nicht auf bestimmte Dinge zu versteifen.

Ein Wunsch lässt sich immer auch auf andere Art erfüllen. Oder später. Aber wenn du darauf bestehst, dass es genau diese eine Sache genau jetzt sein muss, dann erzeugt das Druck, inneren Zwang und Stress in dir. Und das lässt dich auf kurz oder lang durchdrehen.

2. Dir selbst Dinge ausreden

Es ist ja nicht grundsätzlich schlecht, Dinge haben oder erreichen zu wollen. Besonders dann, wenn die Dinge in unserem Einflussbereich liegen (Bereich 1 und 2), und – noch wichtiger – wenn wir bereit und fähig sind, sie umzusetzen und voranzutreiben.

Doch wenn sich jemand so sehr einen neuen Partner wünscht, aber nicht vor die Tür gehen will, um neue Menschen kennenzulernen, dann wäre es vielleicht besser, den Wunsch loszulassen und sich auf etwas zu konzentrieren, bei dem er eher bereit ist, das zu tun, was dafür getan werden muss.

Wenn du also einen Wunsch hast, der nicht in deinem Einflussbereich liegt oder der zu viel Anstrengung oder Mut erfordert, dann ist es sinnvoll, dir den Wunsch selbst auszureden. Das gelingt, indem du dir zu dem Wunsch eine Reihe von Fragen stellst, mit denen du ihn untersuchst. Nehmen wir zum Beispiel an, du willst eine größere Wohnung haben, aber der Wohnungsmarkt gibt im Moment nichts her und in eine andere Stadt umziehen willst du auch nicht. Dann frage dich:

◇ Bin ich bereit, das Notwendige für meinen Wunsch zu tun?
◇ Bin ich bereit, meine Ängste und meine Bequemlichkeit zu überwinden, um zu bekommen, was ich will?
◇ Wird es mich auf einer tiefen Ebene langfristig glücklicher und zufriedener machen, wenn ich bekomme, was ich will?
◇ Wird mich diese Sache gesünder machen?
◇ Wird mich diese Sache wohlhabender machen?

◇ Wird diese Sache meine inneren Probleme lösen?

◇ Wird sie mich mutiger und innerlich stärker machen?

◇ Werde ich mich schnell an die neue Sache gewöhnen, sodass sie gar nichts Besonderes mehr ist?

◇ Was könnten die Nachteile dieser Sache sein?

◇ Was könnte Negatives passieren, wenn ich sie bekomme?

◇ Bin ich mir wirklich hundertprozentig sicher, dass die Erfüllung meines Wunsches gut für mich ist?

◇ Würde es mein Leben leichter machen, wenn ich diesen Wunsch/dieses Ziel/diese Sehnsucht losließe?

Zugegeben: Es ist schwer, diese Fragen ehrlich zu beantworten, denn es tut auch ein bisschen weh, die eigenen romantischen Vorstellungen eines Ziels zu zerstören. Aber vielleicht ist es besser, einmal kurz diesen Schmerz auszuhalten, statt jahrelang die bohrende Sehnsucht zu spüren, dass du diese eine Sache nicht hast. Die Fragen helfen dir, deinen Frieden damit zu machen, dass du sie nicht hast und wahrscheinlich auch nicht bekommst. Außerdem ist das Loslassen eines Wunsches nicht nur schmerzhaft. Es befreit dich auch von der Bürde, dich um diese Sache kümmern zu müssen. Du gibst damit gebundene Energie frei, die du für die Dinge einsetzen kannst, bei denen du wirklich bereit und willens bist, etwas dafür zu tun.

DEN KAMPF BEENDEN

Wenn du weniger Stress und inneren Druck willst, dann hilft es enorm, etwas nicht mehr zu wollen, was du höchstwahrscheinlich sowieso nicht bekommen wirst. Aber was auch wichtig ist, ist, dich nicht mehr so sehr mit den Dingen zu beschäftigen, die du als Missstände wahrnimmst, bei denen du persönlich aber gerade machtlos bist. Etwa, dass dein Nachbar immer so einen Krach macht, obwohl du ihn schon zigmal darauf angesprochen hast. Dass es Werbung im Fernsehen gibt oder dass Massentierhaltung noch immer nicht verboten ist.

Nicht, dass wir uns falsch verstehen: Ich finde, Missstände, bei denen wir etwas unternehmen können, sollten wir auf jeden Fall aus der Welt räumen. Und es gibt ja auch einiges, was wir tun können. Wir können:

◇ ein Vorbild in dieser Sache sein, um anderen zu zeigen, was das gewünschte Verhalten ist.

◇ Expertenrat einholen, um zu erfahren, wie wir den Missstand beheben können.

◇ uns weiterbilden, um noch besser darin zu werden, den Missstand abzustellen.

◇ mit dem Verursacher des Missstands reden und versuchen, ihn sachlich zu überzeugen.

◇ alle rechtlichen Mittel ausschöpfen, um den Missstand abzustellen.

◇ um unser Anliegen werben, um Druck aufzubauen.

◇ uns mit anderen zusammentun und eine Front gegen die Sache bilden.

◇ Unterschriften gegen den Missstand sammeln.

◇ ein Buch schreiben, das den Missstand thematisiert.

◇ eine Website, einen Youtube-Kanal, einen Podcast zu dem Thema machen.

◇ eine Initiative oder Bürgerbewegung gründen, die den Missstand behebt.

Aber seien wir ehrlich … So viel Energie wollen wir meist nicht aufbringen. Wir wollen uns aufregen – aber etwas dagegen tun wollen wir häufig nicht. Was vollkommen o.k. ist, denn wir können ja nicht gegen jedes Übel der Welt kämpfen. Auch das würde uns durchdrehen lassen. Aber in gewisser Weise ist das Aufregen, ohne dass wir etwas gegen eine Sache unternehmen, noch schlimmer. Denn auf diese Weise erzeugen wir in uns Stress und Druck und senden uns gleichzeitig die Botschaft, ohnmächtig und hilflos zu sein.

Zu hadern, ohne aktiv zu werden, macht depressiv

Mit etwas zu hadern, ohne etwas dagegen tun zu können oder zu wollen, ist das Grundrezept jeder Depression. Vielleicht steigen deswegen die Depressionszahlen gerade so rapide an: Wir bekommen immer größeren Druck – nicht nur durch die Arbeitswelt, sondern auch, weil jeden Tag hundert Missstände durch die Presse gehen, auf die wir keinen Einfluss haben.

Ein Weg hier raus ist, den inneren Kampf zu beenden, indem wir zu uns selbst sagen: »Ich rege mich nur noch über Missstände auf, bei denen ich etwas ändern kann und bei denen ich auch bereit bin, mich aktiv für eine Veränderung einzusetzen.«

Es nutzt niemanden etwas, wenn wir uns über etwas aufregen, wogegen wir nichts tun können oder wollen. Ich wiederhole das noch einmal, weil es so essenziell ist: Es nutzt niemandem etwas, sich über Dinge aufzuregen, die wir nicht ändern können. Niemandem.

Aufregen ändert nichts

Viele behaupten, es sei ihre gesellschaftliche Verantwortung, sich über Missstände aufzuregen. Ich halte das für eine Ausrede. Ich kann durchaus eine kritische Haltung zu einer Sache haben, ohne mich emotional darüber zu ereifern. Ich kann sagen: »Ich finde es absolut nicht fair, dass wir unseren Müll in ärmeren Ländern abladen«, ohne dass meine Halsschlagader deswegen zu pochen beginnt.

Mich über etwas aufzuregen hat erst einmal nichts damit zu tun, ein verantwortungsvoller Mensch zu sein. Denn eine Verantwortung wahrzunehmen bedeutet vielmehr, etwas zu unternehmen und Dinge besser zu machen. Zu allen Missständen eine emotionale Meinung zu haben und für jeden Missstand einen Schuldigen präsentieren zu können, hilft niemandem weiter. Frage dich deswegen jedes Mal, wenn du dich dabei erwischst, dass du dich aufregst: Macht es die Welt, das Leben meiner Lieben oder mein eigenes Leben irgendwie besser, wenn ich mich darüber aufrege?

Aufregen ändert nichts. Das ist das Mantra, das du jeden Tag hundertmal wiederholen solltest. Aufregen macht nichts besser, solange du nichts tun kannst oder willst.

Manchmal ist es sinnvoll, Informationen einzuholen, um herauszufinden, was wir tun können, oder um eine Situation besser einordnen zu können. Aber wenn wir uns nur aus Neugier informieren oder um unseren Erregungszustand zu steigern, dann ist es schädlich, sich immer weiter mit einer Sache zu beschäftigen. Es ist verschwendete Energie, die wir lieber für Dinge einsetzen sollten, die unser Leben oder die Welt da draußen real verbessern. Und zwar, indem wir uns um Dinge kümmern, die wir wirklich beeinflussen können. Dinge aus den Bereichen 1 und 2. Zum Beispiel, indem wir etwas reparieren, einem Nachbarn helfen oder einen Baum im Garten pflanzen.

NEULAND BETRETEN

Aber wenn ich immer nur schön in meinem Einflussbereich bleibe und mich außschließlich um die Dinge kümmere, bei denen ich direkt etwas bewirken kann, wie will ich mich dann entwickeln? Wie will ich als Mensch wachsen und reifen?

Diese Frage ist berechtigt. Um zu lernen und deine Persönlichkeit zu entwickeln, musst du dich auch in Neuland vorwagen und dich an Dinge herantrauen, die du noch nicht so gut beeinflussen kannst. Es ist einfach eine Frage des Verhältnisses: Kümmere dich zuerst um das, was in deiner Macht liegt, das heißt, löse deine Probleme und ändere, was du ändern kannst.

Und wenn du alles getan hast, was du tun kannst, um dein Leben und das deiner Lieben real zu verbessern, kannst du dich getrost mit einer Sache beschäftigen, die ein bisschen oder komplett jenseits deiner Macht liegt. Na klar, kämpfe auch für den Weltfrieden, für das Klima, gegen Nazis und für die Gleichberechtigung der Frau. Solange du nicht versuchst, die Welt an allen Ecken gleichzeitig zu retten. Hier noch einige Fragen, die du nutzen kannst, um das 1. Prinzip in deinem Leben stärker zu machen.

REFLEXIONSFRAGEN

◇ Welche Dinge will ich oder wünsche ich mir stark, kann sie jedoch nicht beeinflussen?

◇ Welche Dinge regen mich so richtig auf, gegen die ich nichts machen kann?

◇ Welche Dinge regen mich so richtig auf, bei denen ich aber zu bequem bin, um etwas dagegen zu tun?

◇ Rege ich mich über Dinge auf, die ich nicht ändern kann, damit ich mich nicht um die realen Probleme in meinem Leben kümmern muss?

◇ Habe ich mich um alle Dinge gekümmert, die in meinem Einflussbereich liegen?

- Um die Beziehung zu meinen Lieben?

- Darum, Fähigkeiten zu entwickeln, die mich glücklicher und zufriedener machen? Um mein berufliches Vorankommen?

- Um regelmäßige Bewegung, gute Ernährung und meine Gesundheits- und meine Altersvorsorge?

2. VERMEIDE ÜBERLASTUNG

Selbst wenn du dich nur um das kümmerst, was in deinem Einflussbereich liegt, kannst du durchdrehen. Und zwar dann, wenn du zu viel gleichzeitig im Blick haben musst. Zum Beispiel wenn du alleinerziehend bist und keine Hilfe hast. Oder wenn du neben deinem Vollzeitjob auch noch einen Verwandten pflegst.

Du kannst dich aber auch selbst auslaugen, indem du dir zu viel vornimmst, zu viele Projekte gleichzeitig beginnst, zu hohe Ansprüche an dich selbst hast oder nicht rechtzeitig Nein sagst.

Egal, ob sie von innen oder von außen droht, lautet deswegen das 2. Prinzip: Vermeide Überlastung.

WIE HOCH IST DEIN GRAD AN AUSLASTUNG?

Wenn Überlastung ein Thema für dich ist, ist es hilfreich, zuerst einmal einen kleinen Check-up zu machen, um herauszufinden, wo du eigentlich gerade stehst, wie viel du privat oder beruflich um die Ohren hast und ob du noch weitere Aufgaben übernehmen könntest oder bereits komplett ausgelastet bist.

Die folgenden Fragen helfen dir, in diesem Punkt klarer zu sehen. Mach doch einmal eine Liste mit all den deinen Aufgaben, Pflichten und Verantwortungen. Schreibe darauf:

◇ Für welche Bereiche im Job bin ich laufend verantwortlich?
◇ Um welche außerordentlichen Projekte im Job muss ich mich gerade kümmern?

- ◇ Was sind meine häuslichen und familiären Pflichten?
- ◇ Wie viel Zeit verbringe ich mit Pendeln (im Auto oder ÖPNV)?
- ◇ Welche größeren Projekte müssen zu Hause gerade außer der Reihe erledigt werden?
- ◇ Was tue ich regelmäßig in meiner Freizeit?
- ◇ In welchen Vereinen oder Initiativen bin ich aktiv und welche Aufgaben habe ich da?
- ◇ Welche Aufgaben erledige ich regelmäßig für mich selbst?

Schreibe das alles bitte auf. Wenn du die Liste fertig hast, hast du eine Aufstellung all deiner Pflichten, auch der selbst gewählten. Schau dir diese Liste an und sortiere dich dann nach Gefühl in der Abbildung hier unten ein. Wo steht der Pfeil bei dir? Wie ausgelastet bist du? Du kannst dich auch fragen: Wie viele Aufgaben fallen bei mir hinten herunter? Nicht weil ich schlecht organisiert bin oder weil ich unwichtige Dinge zuerst erledige, sondern weil ich wirklich und ehrlich einfach keine Zeit dafür habe?

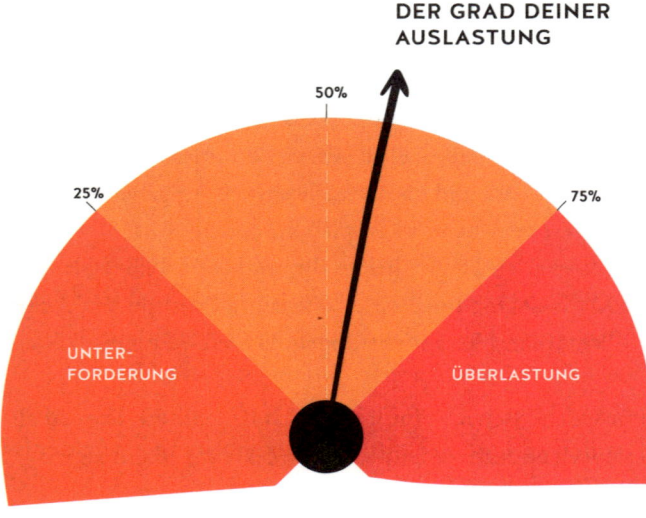

DER GRAD DEINER AUSLASTUNG

50%

25%   75%

UNTER-
FORDERUNG   ÜBERLASTUNG

Zu viele Aufgaben und Verpflichtungen lassen dich durchdrehen. Wenn du dir mehr vornimmst, als du schaffen kannst, oder wenn du mehr tun willst und sollst, als du Energie hast. Denn jede Aufgabe, die du erledigst, kostet dich ein bisschen Kraft. Und jede noch unerledigte Aufgabe übt Druck auf dich aus.

Eine gefühlt nie kürzer werdende Aufgabenliste verursacht einfach Stress. Und wenn dieser Stress auf Dauer größer ist als die dir zur Verfügung stehende Energie, brennst du aus. Damit das nicht passiert, hast du zwei Möglichkeiten:
Verringere die Anzahl deiner Aufgaben. Oder sorge dafür, dass dein Energie-Akku regelmäßiger aufgeladen wird, dass du also leistungs- und belastungsfähiger wirst.
Lass uns die beiden Möglichkeiten mal genauer beleuchten.

WENIGER AUFGABEN – WENIGER STRESS

Wenn du die Anzahl deiner Aufgaben verringern willst, hilft dir die Liste all deiner Pflichten, um die es gerade ging. Diese Liste kannst du nehmen und dir überlegen, welche der Aufgaben du am ehesten loswerden könntest. Frag dich zu jedem Punkt:

◇ Was würde mit dieser Aufgabe passieren, wenn ich durch Krankheit mal drei Monate ausfallen würde? Bin ich bei dieser Aufgabe wirklich unersetzlich?
◇ Lässt mich diese Aufgabe an sich schon durchdrehen, weil ich sie hasse oder einfach nicht gut kann?
◇ Kann diese Aufgabe jemand anderes besser erledigen?
◇ Bin ich bei dieser Aufgabe einfach schlecht und sie dauert deswegen so lange? Bräuchte ich hier eigentlich Training?
◇ Kann ich mir Hilfe holen, notfalls auch bezahlt?

Und dann markierst du jede deiner Aufgaben mit einem der folgenden Kürzel:

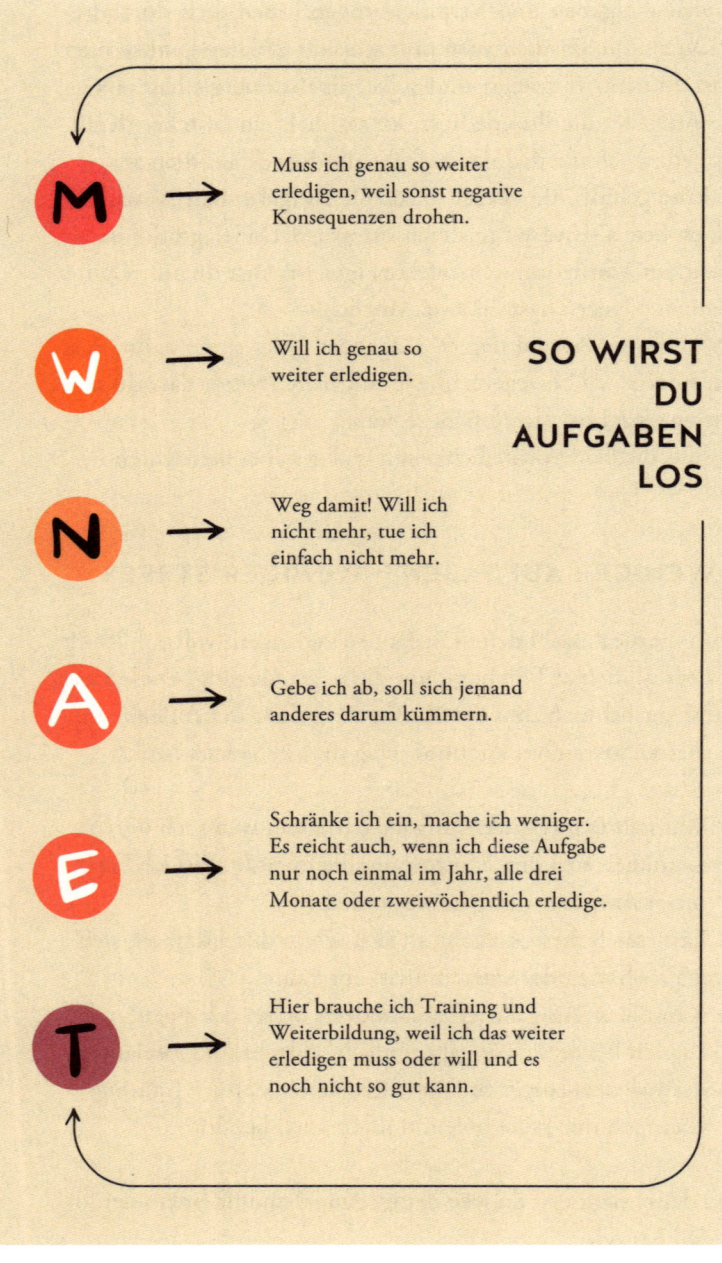

M → Muss ich genau so weiter erledigen, weil sonst negative Konsequenzen drohen.

W → Will ich genau so weiter erledigen.

N → Weg damit! Will ich nicht mehr, tue ich einfach nicht mehr.

A → Gebe ich ab, soll sich jemand anderes darum kümmern.

E → Schränke ich ein, mache ich weniger. Es reicht auch, wenn ich diese Aufgabe nur noch einmal im Jahr, alle drei Monate oder zweiwöchentlich erledige.

T → Hier brauche ich Training und Weiterbildung, weil ich das weiter erledigen muss oder will und es noch nicht so gut kann.

SO WIRST DU AUFGABEN LOS

Wenn du dich entschieden hast, deine Aufgabenlast zu reduzieren, kannst du manche Aufgaben einfach sein lassen und gut ist es. Bei anderen Aufgaben musst du mit den Menschen reden, die es betrifft, und die Karten auf den Tisch legen. Da musst du sagen: »Du, sei mir nicht böse, aber die Last all meiner Aufgaben und Verpflichtungen erdrückt mich gerade und lässt mich durchdrehen. Deswegen muss ich manche Sachen aufhören und abgeben und diese Sache hier gehört leider dazu.«

Wenn deine Arbeit dich kaputtmacht

In vielen Fällen ist der Job die Quelle einer zu hohen Auslastung. Wenn deine Vorgesetzen dir mehr Arbeit geben, als du bewältigen kannst, und dir auch noch Druck machen und an deine Belastungsfähigkeit appellieren. Hier ist es dann natürlich schwer zu sagen: Hey Boss, so geht das nicht weiter, ich schaffe das nicht mehr. Jemand anderes muss mir Aufgaben abnehmen. In so einem Fall hast du verschiedene Möglichkeiten:

◇ Du machst einfach weiter, hoffst das Beste, wirst wahrscheinlich krank und drehst vollends durch. Aber es gibt ja heute gute Burnout-Kliniken.

◇ Du führst ein wirklich ernstes Gespräch mit deinen Vorgesetzten und drohst mit Kündigung oder Dienst nach Vorschrift, wenn sich nichts ändert.

◇ Du schaltest den Betriebsrat oder die Gewerkschaft ein und organisierst gemeinsamen innerbetrieblichen Widerstand gegen die zu hohe Arbeitsbelastung.

◇ Du machst wirklich Dienst nach Vorschrift und entwickelst eine dicke Haut, wenn dein Arbeitgeber dich unter Druck setzen will.

◇ Du suchst dir einen Arbeitsplatz, wo weniger von dir verlangt wird, auch wenn das weniger Lohn bedeutet.

◇ Du kündigst und hältst nach einem besseren Arbeitsplatz

Ausschau, weil es klüger ist, ein bisschen Unsicherheit während der Übergangsphase auszuhalten, als deine geistige und körperliche Gesundheit aufs Spiel zu setzen.

Das alles kannst du tun, um mit einer zu hohen Arbeitsbelastung umzugehen. Letztlich läuft es auf die Entscheidung hinaus: Was ist mir wichtiger, meine Bequemlichkeit, meine Angstvermeidung und meine Sicherheit? Oder meine Gesundheit und mein Seelenheil?

BELASTUNGSFÄHIGER WERDEN

Die andere Möglichkeit, um mit einer hohen Aufgabenlast umzugehen, besteht darin, deine Belastungsfähigkeit zu erhöhen. Denn wir können ja viel tun, um leistungsfähiger zu werden:

Regelmäßige Bewegung

Eine der einfachsten und wirksamsten Möglichkeiten, um Stress abzubauen und belastbarer zu werden, ist regelmäßige Bewegung. Spazieren gehen, wandern, walken, joggen, Rad fahren, schwimmen. Wenn du solche Dinge mindestens 3-mal die Woche machst, ist das nicht nur gut für deine Psyche, sondern auch für deine körperliche Gesundheit. Aber du kannst auch ins Fitness-Studio gehen, Yoga machen, Tennis oder Fußball spielen. Hauptsache, du bewegst dich regelmäßig. Die Regelmäßigkeit ist hier wichtiger als die Intensität deiner Bewegung. Jeden Tag 20 Minuten spazieren hilft mehr, als einmal im Monat drei Stunden laufen zu gehen.

Deine Achtsamkeit trainieren

Regelmäßige Achtsamkeitsübungen helfen dir ebenfalls, mit Stress und Belastungen umzugehen. Das ist medizinisch mittlerweile sehr gut erforscht. Du kannst meditieren, Entspannungs- oder Atemübungen machen. Alles, was deine Aufmerksamkeit in den augenblicklichen Moment holt und dort für eine Weile hält, hilft, deinen Stress abzubauen.

Ein bewährtes Programm dazu ist ein 8-wöchiger MBSR-Kurs (Achtsamkeitsbasierte Stressreduktion). Den bezuschussen sogar oft die Krankenkassen. Aber auch autogenes Training ist gut, um deine Belastungsfähigkeit zu erhöhen. Yoga oder Tai Chi gehören ebenfalls zu den Achtsamkeitsübungen, wenn man die Übungen richtig und mit voller Konzentration durchführt. Und wie bei der Bewegung gilt auch hier: Das Ganze hilft nur, wenn du es regelmäßig, also mindestens 2- bis 3-mal die Woche oder sogar öfter machst.

Deinen Kopf sauber halten

Wenn du ein eher sensibler Mensch bist und dir viele Gedanken machst, dann entsteht eine Menge Stress allein in deinem Kopf. Was dir dann hilft, ist, deinen Kopf regelmäßig von seelischem Ballast zu befreien.

Eine Übung, die vielen gut tut, ist, eine besondere Art von Tagebuch zu schreiben. Du setzt dich jeden Tag einmal hin, am besten morgens, und beantwortest schriftlich die folgenden Fragen: »Was belastet mich gerade? Was macht mir Sorgen? Was macht mir Angst? Was beschäftigt mich?« Dann schreibst du deine Gedanken zu diesen Fragen auf. Ohne viele Regeln. Du schreibst auf, was dir durch den Kopf geht.

Damit du hier nicht nur deine oberflächlichen Gedanken aufschreibst, kannst du den »Und das bedeutet«-Trick anwenden. Der geht folgendermaßen: Du schreibst einen Satz auf und dann hinter den Satz »Und das bedeutet ...« und dann schreibst du auf, was diese Sache, die dich mental belastet oder dir Stress bereitet, deiner Meinung nach für (negative) Konsequenzen haben wird.

Und das bedeutet …

Mich belastet, dass gerade alle bei uns über Umstrukturierungen reden, und das bedeutet …

◇ dass ich meinen Job verlieren könnte.
◇ dass ich möglicherweise bald kein Einkommen mehr hätte.
◇ dass ich mich neu bewerben müsste und wahrscheinlich auch Absagen kassieren würde.
◇ dass ich vielleicht erst mal arbeitslos wäre.

Du siehst, wie du durch den »Und das bedeutet«-Trick immer tiefer in deine Gedankenwelt eintauchen kannst und so auch an deine verborgenen Sorgen und Ängste kommst.

Nachdem du aufgeschrieben hast, was dich belastet, kommt der zweite Schritt. Du schaltest jetzt in den konstruktiven, hoffnungsvollen und positiven Modus. Dieser Modus ist getragen von der Idee, dass alles im Leben zu etwas gut ist, dass in jeder doofen Situation ein Geschenk steckt und sich immer eine Tür öffnet, wenn sich eine andere schließt. Und dass du aus allem etwas machen kannst, wenn du offen und lösungsorientiert bist.

Um dich verlässlich in diesen Modus zu versetzen, brauchst du manchmal mehrere Versuche und ein bisschen Übung, doch je öfter du es versuchst, desto besser wird es klappen.

Du versetzt dich also in diesen konstruktiven Modus und stellst dir die folgenden Fragen zu den Gedanken, die du gerade aufgeschrieben hast: »Wo liegt die Chance in dieser Sache? Was könnte Gutes daraus entstehen? Wie kann mich diese Sache stärker machen? Warum werde ich vielleicht in drei Jahren froh darüber sein, dass das alles hier so passiert?«

Du versuchst also die guten Aspekte deiner Situation zu finden, denn eine positive Perspektive erzeugt psychische Widerstandskraft (Resilienz) in dir, die dich viel besser mit schwierigen Situationen umgehen lässt. Es ist daher sinnvoll, diesen positiven, hoffnungsvollen und konstruktiven Blick auf die Welt grundsätzlich in dir zu fördern. Vielleicht schreibst du dir ja in deiner schönsten Schrift einen Zettel und hängst ihn dahin, wo du oft darüber stolperst. Auf dem Zettel könnte stehen:

»Alles ist zu etwas gut, auch wenn ich vielleicht noch nicht verstehe, wozu. In jedem Problem steckt eine Chance und ein Geschenk. Ich kann aus allem etwas lernen, auch aus schmerzhaften Erfahrungen. Wenn ich offen bin, kann ich alles nutzen, um daran zu wachsen und innerlich stärker zu werden.«

Und zum Abschluss wieder ein paar Fragen, die du jeden Tag nutzen kannst, um das 2. Prinzip zu verinnerlichen. Stelle dir diese Fragen und lausche in deinem Kopf auf Antworten.

REFLEXIONSFRAGEN

◇ Habe ich genug Freiraum und freie Zeit? Oder erdrückt mich meine Aufgabenlast?

◇ Halte ich mich für unersetzlich und denke, nur ich könnte den Laden zusammenhalten?

◇ Habe ich wirklich zu viel zu tun oder organisiere ich meine Aufgaben vielleicht nur zu schlecht? Verbringe ich zu viel Zeit mit unwichtigen Details?

◇ Kann ich gut Nein sagen zu Dingen, die ich nicht mag, die ich nicht kann und wenn ich schon zu viele Aufgaben auf der Liste habe?

3. FINDE DEINE AUFGABE

Dauerhaft zu viele Aufgaben zu haben, lässt dich durchdrehen. Zu wenige Aufgaben aber auch. Denn wir Menschen brauchen einen Sinn im Leben, etwas, das uns erfüllt. Wir wollen das Gefühl haben, gebraucht zu werden oder am besten sogar unverzichtbar zu sein. Und wir wollen etwas wirklich Sinnvolles tun.

Es ist erstaunlich: Wenn du keine Aufgabe hast, erfindet das Leben selbst eine für dich. In Form von Problemen, Konflikten oder manchmal sogar Krankheiten. Andersherum gilt dasselbe: Menschen, die für ein Thema und eine Aufgabe brennen, regen sich selten über den Rasen des Nachbarn auf. Wir brauchen also eine Aufgabe, damit wir nicht durchdrehen und damit wir nicht auf dumme Gedanken kommen.

Aber damit wir uns nicht falsch verstehen: Die Bewältigung deines Alltags ist keine Aufgabe. Einen Job zu machen, der dir nichts bedeutet, ist auch keine Aufgabe. Und nach neuen Schuhen oder dem neuesten Smartphone zu recherchieren, ist ebenfalls keine Aufgabe. Du hast eine Aufgabe, wenn du tief in dir drin spürst, dass deine Existenz zu etwas gut ist. Wenn du wirklich das Gefühl hast, einen Platz in dieser Welt und diesem Leben zu haben, den du ausfüllen willst und darfst.

SO KANN EINE AUFGABE AUSSEHEN

Was Aufgaben im Leben angeht, gibt es drei Ansätze, an denen du dich orientieren kannst:

Kümmern: Du unterstützt andere Menschen, zum Beispiel Nachbarn oder deine Familie. Du bist für andere da. Du machst das Leben anderer Menschen in irgendeiner Art besser. Du hilfst, berätst, unterstützt, versorgst. Oder du kümmerst dich um Tiere. Das zentrale Element hier ist das Kümmern.

Ziele: Du willst etwas erreichen. Du verschreibst dich einem Ziel und kämpfst dafür. Du bist ein wichtiger Teil einer Gemeinschaft, einer Organisation oder eines Unternehmens und kämpfst für die Ziele dieser Gemeinschaft. Oder du kämpfst für deine eigenen Ziele. Hauptsache du hast einen Punkt, auf den du deine Liebe und deine Schaffenskraft lenken kannst.

Themen: Du brennst für ein Thema, für ein Hobby, für einen Fachbereich. Da kennst du dich aus. Dieses Thema willst du präsenter in der Welt haben. Du redest gern drüber. Du liest gern drüber. Das Thema gibt deinem Leben Erfüllung. Deine Aufgabe ist es, dich mit diesem Thema zu beschäftigen.

Oft überschneiden sich auch die Bereiche in einer Aufgabe. Vielleicht brennst du für das Thema »Umweltschutz« und willst hier bestimmte Ziele erreichen.

Ich weiß: Viele Menschen fühlen sich von dieser Idee ein bisschen erschlagen. Nach dem Motto: »Eine Aufgabe haben … oder gar eine Berufung … Das ist mir zu groß. Ich will mich nicht dauerhaft festlegen.« Aber das musst du auch gar nicht. Eine Aufgabe kann sich im Laufe der Zeit ändern. Du kümmerst dich um deine Kinder, bis sie flügge sind. Dann wendest du dich einer neuen Aufgabe zu, kaufst dir ein Wohnmobil und reist damit um die Welt.

Eine Aufgabe ist nicht so schwergewichtig, wie manche sie empfinden. Deine Aufgabe ist einfach nur die Antwort auf die Frage: »Worum soll es gerade in meinem Leben gehen? Welche Rolle will ich einnehmen? Was ist gerade mein Job hier?«

Eine Aufgabe kann durchaus einfach und bodenständig sein. Du musst nicht die Welt retten oder Krebs heilen. Vielleicht erzählst du einfach Kindern Märchen oder zeigst anderen Menschen deine Stadt.

Übrigens haben wir meistens auch nicht nur eine Aufgabe, sondern sind in verschiedenen Bereichen aktiv.

Unterschiedliche Formen einer Aufgabe

Eine Aufgabe kann wie gesagt ganz unterschiedliche Formen und Ausmaße haben. Während der eine die ganze Welt retten will, reicht es dem anderen, seinen Garten zu einem netten, grünen Fleck Erde zu machen.

Der eine sagt: »Ich manage meine Familie und sorge dafür, dass alle gut versorgt sind.« Der andere liebt es, sich mit seiner persönlichen Entwicklung zu beschäftigen und innerlich immer ruhiger, gelassener und stärker zu werden. Und ein dritter meint: »Meine Firma braucht mich, denn ich bin dafür verantwortlich, dass jeder jeden Monat pünktlich sein Geld überwiesen bekommt.« Oder: »Fußball ist mein Leben. Meine schönsten Erinnerungen ranken sich um den Fußball und meinen Verein.« Oder: »Es ist meine Aufgabe, über meinen Youtube-Kanal den Menschen da draußen den veganen Lebensstil näherzubringen.«

Eine Aufgabe gibt dir Sinn, eine Richtung und etwas zum Nachdenken. Oft findest du durch die Aufgabe neue Freunde.

Es gibt keine zu festen Regeln, wie eine Aufgabe auszusehen hat. Allerdings hat sie meist weniger mit Konsum und mehr mit dem Erschaffen von Dingen zu tun. Oder mit dem Erschaffen einer interessanten Erfahrung für dich oder andere.

Eine Aufgabe ist in der Regel zukunftsgerichtet und versorgt uns mit Ideen, Plänen und Wünschen, also mit einer Perspektive. Sie gibt uns Dinge zu tun, sodass wir etwas jenseits unserer Alltagsbewältigung und jenseits von Unterhaltung und Zerstreuung haben. Eine Aufgabe gibt uns etwas, um das wir unsere Gedanken kreisen lassen können. Das ist gut, denn so erfindet unser Kopf keine Probleme, nur damit er etwas zu tun hat.

DEINE AUFGABE FINDEN

Vielleicht ist dir nach dem letzten Abschnitt schon bewusst geworden, was deine Aufgabe in dieser Lebensphase gerade ist. Wenn nicht, findest du hier einige Fragen, durch die du deiner Aufgabe auf die Spur kommen kannst.

◇ Für wen möchte ich da sein? Was möchte ich für andere Menschen tun?
◇ Wobei würde ich gerne helfen?
◇ Was tue ich wirklich gern? Wofür brenne ich?
◇ Worum soll es in dieser Phase in meinem Leben gehen? Welches Ziel würde ich gerne angehen?
◇ Was ist mir wirklich wichtig im Leben und wie könnte ich das zu einer Aufgabe für mich machen?
◇ Welches Problem müsste mal gelöst werden?
◇ Welche Qualität müsste auf der Welt gestärkt und gefördert werden?
◇ Um welches Gefühl soll es in meiner Aufgabe gehen?
◇ Wogegen müsste mal jemand kämpfen?
◇ Welches Thema verdient mehr Beachtung?
◇ Welchen Platz würde ich gerne einnehmen?

Gehe diese Fragen nach und nach durch. Du musst nicht jede akribisch genau beantworten. Manche Fragen werden dir nichts sagen, das ist o.k. Nutze nur die, die irgendetwas in dir auslösen. Manchmal musst du diese Fragen über längere Zeit im Kopf bewegen. Oft hilft es auch, sie mit in die Natur zu nehmen. Ans Meer. In die Berge. In den Wald. Und dann Stille in deinen

Kopf zu lassen, bis etwas aus deinen unbewussten Schichten aufsteigt und du plötzlich klarsiehst. Denk daran: Auch keine Aufgabe zu haben, lässt dich durchdrehen. Deswegen ist es wichtig für dich, dass du deinen Platz und deine Aufgabe für deine aktuelle Lebensphase findest.

Hier kommen wieder ein paar Reflexionsfragen, die du jeden Tag nutzen kannst, um das 3. Prinzip in deinem Leben zu stärken. Stelle dir diese Fragen, um deine Beziehung zu deiner Aufgabe zu untersuchen.

REFLEXIONSFRAGEN

◇ Was nimmt im Augenblick den größten Teil meiner Zeit und meiner Gedanken ein? Betrachte ich das als meine Aufgabe?

◇ Habe ich bereits eine Aufgabe, die mich stärker und glücklicher macht?

◇ Erlebe ich mein Leben als erfüllt und sinnvoll?

◇ Oder bin ich vor allem mit ungeliebten Pflichten oder der Alltagsbewältigung beschäftigt?

◇ Habe ich das Gefühl, dass ich meinen Platz für meine augenblickliche Lebensphase gefunden habe?

---

4. SIEH DIE WELT,
WIE SIE IST

Was uns auch durchdrehen lässt, ist der Zustand unseres Planeten. Wenn du die Nachrichten verfolgst, bekommst du schnell den Eindruck, dass die Welt den Bach hinuntergeht. Überall Kriege. Überall Hunger und Armut. Überall Diktatoren und Populisten, die ihre Macht schamlos ausnutzen. Und dann noch die Klima-Katastrophe. Und die Pandemien. Es ist zum Verzweifeln.

Noch schlimmer mit den negativen Eindrücken wird es, wenn wir unsere Nachrichten vor allem aus den sozialen Medien beziehen, wie es so viele Menschen heute tun. Denn die Quellen der Meldungen sind hier nicht mehr nachvollziehbar, Fakten und subjektive Einzelmeinungen verschwimmen komplett. Es geistern viele Falschinformationen und Verschwörungstheorien durchs Netz, und es kommt immer

Wer sich nur durch die sozialen Medien informiert, bekommt ein verzerrtes Bild von der Welt.

wieder vor, dass Interessengruppen gezielt manipulative, unterhaltsame »Nachrichten« platzieren, in der Hoffnung, dass diese durch das Teilen in die Köpfe der Menschen einsickern.

Aber am schlimmsten an den sozialen Medien ist, dass wir nur noch Informationen von Menschen bekommen, die unsere Meinung sowieso teilen, von unseren Bekannten und Freunden eben. Es gibt keine Gegenargumente oder differenzierten Betrachtungen mehr, kein Pro und Contra. So entstehen schnell extreme Positionen, die oft mit der Realität nichts mehr zu tun haben. Am Ende bleibt bei uns dann der Eindruck zurück, dass die Welt um uns herum grundsätzlich schlecht ist, ja dass sie sogar immer schlechter wird und dass früher alles besser war. Aber das ist eine Fehleinschätzung.

WARUM WIR DIE WELT FÜR SCHLECHTER HALTEN, ALS SIE IST

Ja, die Welt ist nicht perfekt. Natürlich gibt es in unserem Land und überall Missstände und Dinge, über die man sich zu Recht aufregen kann. Ich denke, jeder von uns könnte aus dem Stegreif eine lange Liste dazu schreiben. Aber könntest du eine ebenso lange Liste über die Fortschritte und die positiven Entwicklungen schreiben? Wenn nicht, hast du ein sehr einseitiges Weltbild.

Tatsächlich gibt es auf der Welt in den letzten 50 Jahren sehr viele positive Entwicklungen. Wenn du dir die Daten der UN und der Weltbank anschaust, wirst du feststellen, dass die Kindersterblichkeit weltweit seit 1900 von 40 Prozent auf heute 4 Prozent gesunken ist. Außerdem haben immer mehr Menschen Zugang zu Strom und

Die Welt um uns herum wird in vielerlei Hinsicht immer besser und besser und wir merken es nicht, weil wir in schlechten Nachrichten ertrinken.

sauberem Trinkwasser und die Lebenserwartung steigt kontinuierlich an. Es gibt viel weniger Kinderarbeit und viele Virus-Erkrankungen sind durch Impfungen komplett ausgerottet. Auch die Anzahl der unterernährten Menschen ist weltweit drastisch gesunken – um nur einige positive Beispiele zu nennen.

In unseren Köpfen wird die Welt irgendwie immer schlechter, dabei zeigen die offiziellen Daten und Fakten internationaler Organisationen genau das Gegenteil. Wir haben hier also ein falsches Bild von der Welt. Wer dazu mehr wissen will, dem möchte ich das Buch *Factfulness* des schwedischen Professors Hans Rosling empfehlen.

Die Medien zeigen die negativen Dinge

Wie aber kommt es zu dieser kollektiven Fehleinschätzung, dass die Welt immer schlechter wird?

Einen Teil tragen sicher die Medien dazu bei. Weil sich negative Nachrichten besser verkaufen, wird über Negatives deutlich mehr berichtet als über Positives. Die Messerstecherei im Kiez von Berlin ist eine landesweite Meldung wert, aber dass die ehrenamtliche Helferin im selben Stadtteil Kinder kostenlos bei den Hausarbeiten un-

Wir lieben schlechte Nachrichten. Das scheint irgendwie Teil unserer DNA zu sein.

terstützt, wird nicht berichtet. Und sollte es doch ein positiver Trend in die Nachrichten schaffen, zum Beispiel, dass die Analphabeten-Quote auf der Welt seit Jahren immer weiter sinkt, dann kommt diese Meldung als Randbemerkung und wird nicht wiederholt. Ein Verbrechen hingegen wird wieder und wieder aufgeführt und ausgemalt.

Die Medien zeichnen ein verzerrtes Bild der Welt. Und in den sozialen Netzwerken ist es noch schlimmer: Wer teilt schon gute Nachrichten? Aber Details zum letzten Skandal, das jüngste provokante Video schicken wir gern herum – in der Hoffnung auf das Interesse unserer Freunde.

Unser Gehirn – die Dramaqueen

Doch es sind nicht nur die Medien, es ist auch unser Kopf, der diese Fehleinschätzung begünstigt. Man könnte sagen, unser Gehirn steht auf Drama. Wir reagieren auf negative Meldungen deutlich intensiver als auf positive Nachrichten, das haben Psychologen in vielen Studien nachgewiesen. Sie nennen diesen Zusammenhang den Negativitätseffekt.

Positive Nachrichten langweilen uns leicht, besonders wenn sie nichts mit unserer konkreten Situation zu tun haben. Wir suchen unbewusst ständig nach Dingen, über die wir uns aufregen können, Dinge, an denen wir uns reiben können. Das bedient unseren Wunsch nach Drama und nach dem guten alten Schwarz/Weiß. Warum das so ist? Zum Beispiel, weil es uns von unseren eigenen Themen ablenkt. Von den Missständen in unserem Leben. Schlechte Nachrichten geben uns das Gefühl: Ein Glück, so schlecht geht es mir gar nicht. Wenn ich mich mit den letzten Katastrophen und den empörenden Verfehlungen von Politiker X beschäftige, brauche ich mich nicht um meine eigenen Probleme kümmern.

SCHAU AUF BEIDE SEITEN

Wir haben also die klare Tendenz, eher auf die Missstände in der Welt zu schauen, und schätzen den Zustand der Welt häufig deutlich negativer ein, als er ist. Auch das lässt uns durchdrehen. Weil wir das Gefühl haben, die Welt sei ein schlechter, ungerechter Ort voller Kummer und Schmerz und wir könnten nichts dagegen unternehmen.

Natürlich gibt es viele Missstände, viele Dinge, die verbesserungswürdig sind. Es gibt Grausamkeit, Ungerechtigkeit und Einzelne bereichern sich auf Kosten von anderen. Aber es gibt eben auch viel Gutes auf der Welt. Menschen, die einander helfen, Hilfsorganisationen und reiche Philanthropen, die ihr Vermögen nutzen, um die Welt besser zu machen. Die Welt ist schlecht und gut gleichzeitig.

Wenn wir uns die Entwicklung der letzten Jahrzehnte anschauen, sehen wir: Viele Missstände der Vergangenheit wurden verbessert. Die Menschheit als Ganzes gibt sich offensichtlich Mühe. Die Welt wird nicht schlechter, sondern im Großen und Ganzen besser. Wenn auch nicht so schnell, wie wir uns das wünschen. Aber das können wir im Alltag nicht erkennen, weil wir so sehr mit den vielen schlechten Einzelnachrichten beschäftigt sind. Deswegen lautet das 4. Prinzip: Sieh die Welt, wie sie ist.

HINTERFRAGE SCHLECHTE NACHRICHTEN

Eine empfehlenswerte Methode, die uns auch helfen kann, um nicht durchzudrehen, besteht darin, schlechte Nachrichten erst einmal zu hinterfragen und Fakten zu sammeln, bevor wir sie an uns heranlassen.

Wie oft regen wir uns über Dinge auf, obwohl wir nur ein Halbwissen darüber haben? Selten machen wir uns die Mühe, alle Fakten zu überprüfen und die unterschiedlichsten Meinungen und Stimmen zu einem Thema zu sammeln, bevor wir uns unsere Meinung bilden. Stattdessen reicht häufig ein Artikel in einer Zeitung, eine weitergeleitete Nachricht von Freunden – und schon sind wir auf 180. Schon sind wir beunruhigt. Schon fordern wir Gerechtigkeit. Obwohl wir, wenn wir ehrlich zu uns sind, die Sache gar nicht einschätzen können, weil wir nicht alle Informationen dazu haben.

Merke: Wenn du nicht durchdrehen willst, darfst du nicht alles glauben. Du musst dir selbst wieder und wieder sagen:

◇ Ich kann noch nicht wissen, wie es wirklich ist.
◇ Ich habe noch nicht alle Informationen.
◇ Ich kenne noch nicht alle Zusammenhänge.
◇ Ich kann wirklich noch nicht einschätzen, was es bedeutet.
◇ Wenn es wirklich so wäre, wäre das nicht o. k., aber ich kann nicht wissen, ob es so ist.

Wenn du dir dein eigenes Unwissen eingestehst, musst du dich über Dinge auch nicht mehr so aufregen. Und das ist gut so. Wegen des 1. Prinzips: Konzentriere dich auf das, was du beeinflussen kannst.

Aber die Verantwortung …!

Ist dir eins schon mal aufgefallen? Die meisten schlechten Nachrichten haben erst einmal keinen direkten Einfluss auf unser Leben, und die meisten Missstände liegen weit außerhalb unseres Einflussbereichs. Trotzdem haben viele Menschen das Gefühl, sich genauestens informieren zu müssen. Sie erklären ihre Informationsversessenheit zum Beispiel damit, dass sie dann bei der nächsten Bundestagswahl eine qualifizierte Entscheidung treffen können. Sie sagen, dass es unsere Verantwortung in einer Demokratie sei, bei den Nachrichten immer auf dem neuesten Stand zu sein. Und dass sich außerdem nie etwas ändern werde, wenn alle die Augen zumachen würden und negative Nachrichten nicht mehr hören wollten.

Dazu zwei Gedanken:

◇ Selbst wenn du dich ein bisschen gegen schlechte Nachrichten abschirmst, werden die wichtigen Dinge trotzdem zu dir durchdringen, wenn du nicht gerade allein im Wald wohnst. Deine Freunde werden dir davon erzählen und du wirst im Alltag das Wichtigste aufschnappen. Zumindest die Dinge, die eine wirkliche Bedeutung für dein Leben haben. (Der letzte Anschlag in Fernost gehört wahrscheinlich eher nicht dazu.)

◇ Macht es die Welt und das Land wirklich besser, wenn du über jeden Missstand Bescheid weißt? Mach es die Welt real besser? Bringt es dich dazu, etwas zu tun? Engagierst du dich deswegen? Gehst du in die Politik? Gründest du eine Bürgerinitiative? Und beeinflussen die ganzen Nachrichten wirklich deine Abstimmung bei der nächsten Wahl, oder wählst du nicht sowieso seit Jahren immer die gleiche Partei?

Also, mal ganz ehrlich … wem nützt es wirklich, wenn du über jeden Missstand Bescheid weißt?

INFORMIERE DICH,
ABER DANN LASS ES GUT SEIN

Das 4. Prinzip, um nicht durchzudrehen, lautet: Sieh die Welt, wie sie ist. Informiere dich, damit du gute Entscheidungen treffen kannst, aber betrachte Nachrichten, vor allem negative, nicht als faszinierende Unterhaltung.

Ja, wir Menschen wollen informiert sein. Damit wir die Gefahr kommen sehen. Und es fällt uns schwer, wegzuschauen, wenn ein Unfall passiert. Aber das mit dem Informieren ist in den letzten Jahren komplett aus dem Ruder gelaufen. Wir werden regelrecht zugeschüttet mit Nachrichten und Informationen. Die meisten davon haben für unser Leben keine direkte Bedeutung und sind negativ.

Aus diesem Grund musst du selbst ein Gegengewicht in deinem Kopf schaffen, indem du deinen Fokus immer wieder auch auf die guten Dinge und die guten Entwicklungen lenkst. Damit bei dir nicht der Eindruck entsteht, dass die Welt nur schlecht ist und immer schlechter wird.

Was du brauchst, ist eine differenzierte, erwachsene und aufgeklärte Sicht auf die Welt. Eine Sicht, die in etwa lautet:

»Ja, es gibt viel Elend, viele Missstände und Probleme, Ungerechtigkeit und schlechte Menschen auf der Welt. Aber es gibt auch so viel Solidarität, Miteinander, gute Menschen, Fortschritt in die richtige Richtung und Glück auf diesem Planeten.«

Denn wenn du immer nur auf das Schlechte siehst, lässt dich das durchdrehen, garantiert. Und abgesehen davon macht es dein Leben sehr, sehr traurig und schwer. Nutze daher die folgenden

Reflexionsfragen, um deinen Blick auf die Welt ein wenig unter die Lupe zu nehmen.

REFLEXIONSFRAGEN

◇ Hadere ich oft mit der Welt und den vielen Missständen und Problemen?

◇ Spüre ich Weltschmerz?

◇ Nutze ich die sozialen Medien und was dort geteilt wird, um mir meine Meinung zu bilden?

◇ Wie viel Zeit investiere ich pro Tag, um mich über die Welt zu informieren?

◇ Bin ich eher an oberflächlichen Nachrichten oder an tief gehenden Hintergrundberichten interessiert?

◇ Habe ich Interesse daran, mich über die vielen positiven Entwicklungen auf der Welt zu informieren?

◇ Welchen Einfluss hätte es auf meine Beziehungen, meine Finanzen, meinen Beruf, meine Gefühlslage, wenn ich mich für drei Monate von allen Nachrichten abschneiden würde?

◇ Welchen Einfluss hätte es auf den Zustand der Welt, wenn ich mich für drei Monate von allen Nachrichten abschneiden würde?

◇ Würde es die Welt besser machen, wenn ich mich noch intensiver mit den ganzen Missständen beschäftigen würde?

5. SCHAU AUF DIE GUTEN DINGE IN DEINEM LEBEN

Du kennst das: Der Pessimist erwartet, dass es schiefgeht, und der Optimist geht davon aus, dass alles gut laufen wird. Recht hat keiner von beiden, denn niemand kann in die Zukunft schauen. Aber klar ist: Der Optimist hat mehr Spaß im Leben. Denn was wir denken, hat nun einmal Einfluss auf unsere innere Verfassung, um diese Tatsache kommen wir nicht herum.

Und es gibt noch eine andere Unterscheidung, die unseren emotionalen Zustand stark beeinflusst und große Auswirkungen auf den Druck und den Stress hat, den wir uns selbst machen: Und zwar, ob wir uns mehr darauf fokussieren, was nicht perfekt in unserem Leben ist und was wir noch nicht haben, oder ob wir öfter dahin schauen, was bereits gut und richtig bei uns läuft und wofür wir dankbar sind.

DAS GUTE UND DAS SCHLECHTE IN UNSEREM LEBEN

In jedem Leben gibt es Dinge, die gut und die weniger gut sind. Die weniger guten sind:

◇ Dinge, an denen wir gescheitert sind
◇ (scheinbar) unerfüllbare Sehnsüchte und Träume
◇ unsere Schwächen, Einschränkungen, Unzulänglichkeiten
◇ reale Probleme
◇ Probleme, die nur in unserem Kopf existieren

◇ Verletzungen aus der Vergangenheit, die wir nicht loslassen können oder wollen

Die guten Dinge sind:

◇ unsere Stärken und Vorzüge
◇ Privilegien, die wir genießen
◇ unsere Leistungen und Erfolge
◇ Abenteuer, die wir erlebt haben
◇ gute Geschichten, die wir zu erzählen haben
◇ die schönen Dinge, die wir besitzen, die uns wichtig sind
◇ schöne Erinnerungen
◇ unsere Pläne, Hoffnungen und Träume
◇ wenn wir Fortschritte in einem Projekt machen
◇ wenn wir etwas gelernt haben, wenn wir in einer Sache gewachsen sind

SO RINGST DU KONSTRUKTIV MIT DEINEN DÄMONEN

Geben wir es ruhig zu: Es fällt uns oft leichter, auf die weniger guten Dinge in unserem Leben zu schauen. Sie sind häufig präsenter in unserem Bewusstsein.

Vielleicht liegt das daran, dass wir uns an die guten Dinge gewöhnt haben und sie als selbstverständlich ansehen, während die weniger guten Dinge wie eine noch nicht erledigte Aufgabe in unserem Geist herumschwirren. Besonders, wenn wir keinen Frieden mit einer Sache gemacht haben, wenn wir uns also nicht dafür entschieden haben, dass diese Sache für den Augenblick erst einmal so bleiben darf, wie sie ist. (Vielleicht, weil wir sowieso nichts machen können, weil wir gerade nicht genug Energie haben, etwas daran zu ändern, oder weil wir uns erst einmal um andere Dinge kümmern wollen.)

Gut möglich, dass da eine Stimme in deinem Kopf drängt, dass du dich deinen Dämonen stellen musst, weil Verdrängung und Ignoranz langfristig kein guter Weg sind.

Dem Schwierigen auf gesunde Weise begegnen

Falls du dich also mit einem Punkt beschäftigen willst, der nicht so gut ist in deinem Leben, dann mach doch einmal Folgendes: Nimm deine Sorge, deine Schwäche, deine dich belastende Erinnerung, oder was es auch ist, schalte deinen Verstand an und gehe in einen erwachsenen und etwas abgeklärten Modus. Stelle dir dann zu diesem Punkt die folgenden Fragen. Beantworte sie schriftlich oder im Kopf:

◇ Ist diese Sache real oder existiert sie vielleicht nur in meinem Kopf?
◇ Liegt es in meiner Macht, daran etwas zu ändern?
◇ Ist mir die Sache wichtig genug, um daran etwas zu ändern?
◇ Wenn ich etwas ändern kann und will, was genau werde ich dann bis wann tun?
◇ Wenn es nicht in meiner Macht liegt und mir nicht wichtig genug ist, macht es dann mein Leben oder das meiner Lieben in irgendeiner Art besser, wenn ich mich weiter damit beschäftige?
◇ Macht es die Welt in irgendeiner Art besser, wenn ich mich damit beschäftige?
◇ Was würde passieren, wenn ich meinen Frieden damit machte, dass diese nicht so gute Sache in meinem Leben existiert?

Indem du dir diese Fragen stellst, beschäftigst du dich konstruktiv und lösungsorientiert mit den weniger guten Punkten in deinem Leben. Nicht als neurotisches, masochistisches Kreisen, sondern auf eine gesunde und lebensbejahende Art und Weise.

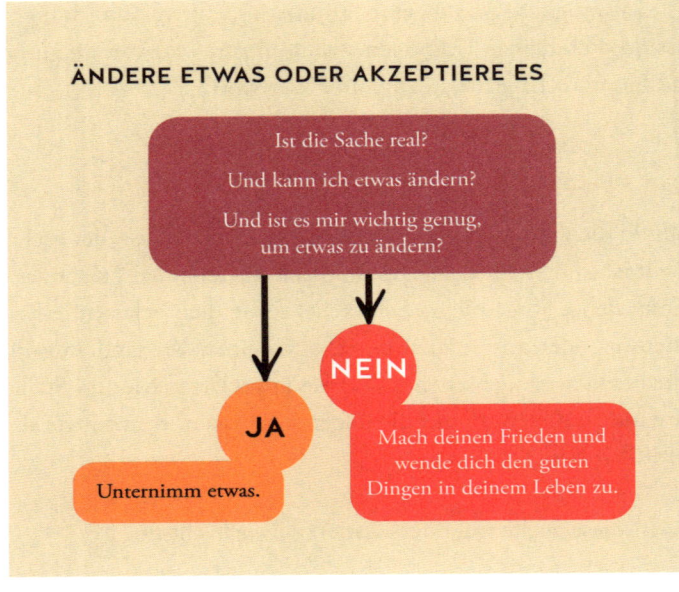

ÄNDERE ETWAS ODER AKZEPTIERE ES

Ist die Sache real?

Und kann ich etwas ändern?

Und ist es mir wichtig genug,
um etwas zu ändern?

JA

Unternimm etwas.

NEIN

Mach deinen Frieden und
wende dich den guten
Dingen in deinem Leben zu.

Diese Fragen helfen dir, Frieden mit deinen wunden Punkten zu schließen. Sie fördern sozusagen deinen Selbstheilungsprozess und befähigen dich dazu, einen Abschluss zu finden, damit du dich dann mehr mit den Dingen beschäftigen kannst, die gut für dich sind.

DAS GUTE WÜRDIGEN

Bei all dem Kampf mit deinen Dämonen solltest du aber nicht vergessen: Es gibt ja auch die guten Dinge in deinem Leben. Die leisen, unauffälligen, positiven Dinge. Das, was du gut kannst. Das, wo du anderen gegenüber Privilegien besitzt. Die guten Beziehungen zu Freunden, deiner Familie und Bekannten. Das, was an deinem Beruf gut ist. Das, was du besitzt und was dir wichtig ist. Die Dinge, die dir Freude machen. Die Tätigkeiten, die du genießt.

Solche Sachen vernachlässigen wir oft. So wie einen Partner, den wir für selbstverständlich halten. (Und erst, wenn er uns wegen unserer fehlenden Wertschätzung verlässt, wird uns klar, was wir verloren haben.) Dabei ist es so wichtig für dein Seelenheil, dass du deine Schätze würdigst und dankbar dafür bist. Denn all die guten Dinge in deinem Leben geben dir Frieden und Kraft und helfen dir, nicht durchzudrehen. Deswegen gilt es, deinen Fokus bewusst wieder und wieder auf die guten Dinge in deinem Dasein zu richten. Das Gute zu würdigen ist ein kostenloser und leichter Weg, um dich selbst zu stärken.

Dabei geht es nicht darum, eine rosarote Brille aufzusetzen, oder dir selbst etwas vorzumachen. Ich sage nicht, du sollst das verleugnen, was nicht gut läuft. Es ist wichtig, reale Probleme zu lösen, wenn sie in deinem Einflussbereich liegen. Und es ist auch wichtig, an deinen Schwächen zu arbeiten, wenn du dir damit wirklich selbst schadest. Aber darüber hinaus ist es eben auch wichtig, das Gute in deinem Leben jeden Tag wertzuschätzen und dankbar darauf zu schauen. Weil dir das mehr Frieden bringt und ein gutes Gefühl gibt.

Sei dankbar für das, was du hast

Es ist ganz einfach, diese Wertschätzung zu üben. Sag einfach danke für das, was du hast. Oft. Jeden Tag.

Frage dich: »Was würde ich in meinem Leben vermissen, wenn es nicht mehr da wäre?« Und dann sage danke zu jeder Antwort, die dir in den Sinn kommt.

Frage dich: »In welcher Hinsicht geht es mir besser als vielen in diesem Land oder sogar auf der ganzen Welt?« Und sage danke zu jedem Punkt, der dir einfällt.

Frage dich: »Was kann ich gut? Worin bin ich besser als viele andere? Wo liegen meine Stärken?« Und dann sage danke dafür, dass du diese Fähigkeit oder dieses Talent in deiner Vergangenheit gestärkt und entwickelt hast.

Frage dich: »Welche doofen Dinge habe ich zum Glück nicht?« Und dann sage danke dafür, dass du davon verschont geblieben bist.

Du musst das Dunkle und Doofe in deinem Leben nicht verleugnen und verdrängen, aber du solltest auch das Gute und Schöne in deinem Leben nicht ausblenden.

Erlaube dir, deinen geistigen Scheinwerfer oft auf die Dinge zu lenken, die gut und richtig in deinem Leben sind. Denn in der Dankbarkeit dafür und der Würdigung dessen liegen Kraft und Frieden. Oder anders gesagt: Beides hilft dir, nicht durchzudrehen.

Wo stehst du in Sachen Dankbarkeit? Nutze die folgenden Fragen, um das zu reflektieren.

REFLEXIONSFRAGEN

◇ Kann ich erkennen, dass ich gegenüber vielen anderen auf der Welt privilegiert bin?

◇ Was ist besser für mich: Wenn ich mich mit denen vergleiche, denen es besser geht als mir, oder mit denen, denen es schlechter geht?

◇ Ist gut für mich genug, oder muss es immer mehr und etwas immer Besseres sein?

◇ Habe ich Frieden gemacht mit den weniger guten Dingen in meinem Leben, die ich nicht ändern kann oder will?

◇ Kann ich aus dem Stegreif eine Liste mit 50 Dingen schreiben, für die ich dankbar bin?

6. WÄHLE WEISE, WELCHE BEDEUTUNGEN DU DEN DINGEN GIBST

An der Welt und allem, was darin geschieht, könntest du manchmal verzweifeln, oder? Aber was uns tatsächlich durchdrehen lässt, ist meist nicht die Wirklichkeit da draußen, sondern unsere ganz persönliche Interpretation dieser Wirklichkeit. Es sind unsere Gefühle und Gedanken, die wir als Reaktion auf diese Wirklichkeit entwickeln.

EINE GESCHICHTE AUS DEM BERUFSLEBEN

Version 1: Ein Kollege redet hinter deinem Rücken schlecht über dich.

Du erfährst es und in dir bricht die Hölle los. Du bist so wütend. So gekränkt. Enttäuscht. Du willst es ihm heimzahlen. Wie kann er es nur wagen! Er ist so ein Schaumschläger. Ein karrieregeiler Idiot. Oh Mann, hoffentlich erfährt dein Chef nicht, was der Kollege gesagt hat, das würde deine Karriere beenden.

Version 2: Ein Kollege redet hinter deinem Rücken schlecht über dich, dir sagt es aber keiner.

Du bist ganz entspannt. Du denkst an das schöne Frühstück mit deinem Partner heute Morgen. Du freust dich auf deinen Urlaub.

Die Wirklichkeit ist dieselbe, nur weißt du nicht, was passiert ist, deswegen bist du ganz entspannt. Nicht-Wissen ist manchmal eine Gnade.

Version 3: Ein Kollege redet hinter deinem Rücken schlecht über dich.

Du erfährst es und stellst dir erst einmal ein paar Fragen:

◇ Wer genau hat das eigentlich beobachtet? Ist die Quelle verlässlich? Kann ich wirklich wissen, was passiert ist? Wurde hier vielleicht übertrieben oder dramatisiert?

◇ Passieren solche Dinge nicht jeden Tag in allen Büros dieser Welt?

◇ Habe ich auch schon mal jemanden gegenüber einem Kollegen kritisiert?

◇ Wird das meine Karriere beschädigen oder wird es wahrscheinlich eher keine Auswirkungen haben?

◇ Machen Ärger, Rache und Enttäuschung mein Leben, das Leben meiner Lieben oder die Welt besser?

Du reagierst also nicht automatisch, sondern nutzt deinen Verstand und durchdenkst die Sache erst einmal.

Version 4: Ein Kollege redet hinter deinem Rücken schlecht über dich.

Du erfährst es und stellst den Kollegen zur Rede. Es stellt sich heraus, dass alles nur ein Missverständnis war. Ja, mehr noch. Die Stille Post im Büro hat das, was passiert ist, ins Gegenteil verkehrt. Der Kollege hat dich in Wirklichkeit gelobt.

Das Ganze ist ein Beispiel dafür, dass du dir nie sicher sein solltest, wenn du etwas hörst oder siehst. Häufig beobachten wir etwas und deuten es komplett falsch. Oder jemand erzählt uns etwas, und das stimmt so einfach nicht. Oft reimen wir uns auch eine Bedeutung zusammen, die mit dem, was tatsächlich Fakt ist, nichts zu tun hat. Das müssen wir immer im Hinterkopf behalten, um nicht durchzudrehen.

DIE BEDEUTUNG VON EREIGNISSEN
IST VERHANDLUNGSSACHE

Was uns normalerweise durchdrehen lässt, ist selten das, was draußen in der Welt passiert. Was uns durchdrehen lässt, ist, wie wir darauf *reagieren*, was da passiert. Und wie wir auf etwas reagieren, hängt wiederum davon ab, welche Bedeutung wir einer Sache geben.

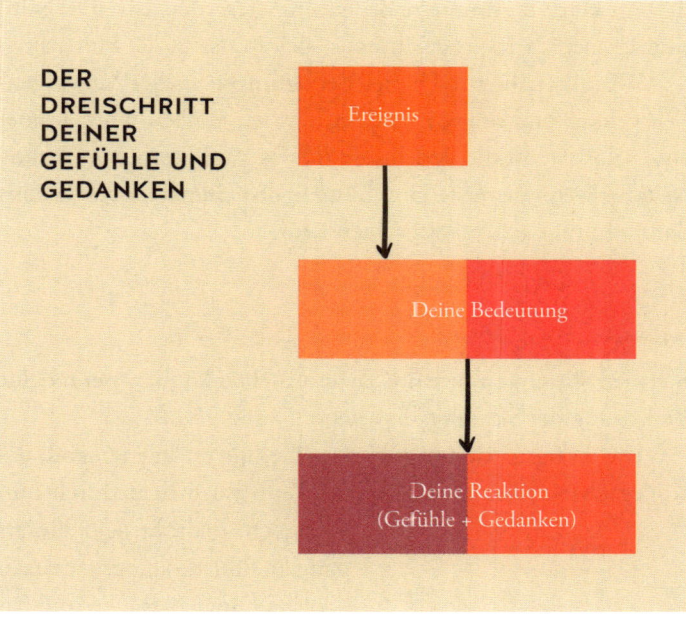

DER DREISCHRITT DEINER GEFÜHLE UND GEDANKEN

Ereignis

Deine Bedeutung

Deine Reaktion
(Gefühle + Gedanken)

Denk noch einmal an das Beispiel von gerade eben. Dir erzählt jemand, dass ein Kollege über dich gelästert hat. Wenn dir dazu spontan so etwas in den Sinn kommt wie: »Das darf nicht sein. Er ist so ein Arsch. Meine Karriere ist in Gefahr!«, wirst du wohl unweigerlich mit Ärger, Angst, Stress und Enttäuschung auf dieses Gerücht reagieren. Ob dieses Gerücht wahr ist oder nicht, spielt dann keine Rolle, sondern nur, wie du es bewertest und welche Bedeutung du ihm zuschreibst. Der folgende Dreischritt läuft in so einem Fall in deinem Kopf ab:

Ereignis → Bedeutung → Reaktion.

Und das in Millisekunden. Das heißt, es findet kein bewusstes Durchdenken der Situation statt, du nutzt nicht deinen Verstand, sondern du nimmst eine Abkürzung durch das Unbewusste und ordnest das Erlebte innerlich in eine Schublade ein, die mit einer bestimmten Bedeutung etikettiert ist: »Das wird mir schaden«, »das ist gefährlich«, »ich muss auf der Hut sein«.

Wir alle haben solcherlei Bedeutungen in der Vergangenheit gelernt und ordnen sie dem, was wir erleben, noch immer zu – selbst wenn die Bedeutung unklug und wenig konstruktiv ist. Aber wenn der erste Dominostein erst einmal umgefallen ist, dann nimmt das Desaster seinen Lauf.

Andere Bedeutung – andere Reaktion

Schauen wir uns an, wie die Sache aussehen könnte, wenn deine Bedeutung der Situation eine andere wäre:

Das Ereignis ist erst mal dasselbe, dir erzählt jemand, ein Kollege habe über dich gelästert. Wenn du dich dadurch nun aber nicht bedroht oder hintergangen fühlst, sondern denkst: »Solche Dinge passieren und haben selten Auswirkungen. Ich habe auch schon schlecht über Menschen gesprochen. Wir sind alle nicht perfekt, ich auch nicht«, wird deine Reaktion sehr anders ausfallen. Du wirst gelassen bleiben, innere Ruhe und Mitgefühl empfinden.

Es ist nicht das Ereignis selbst, das deine Reaktion, Gedanken und Gefühle auslöst, es ist die Bedeutung, die du ihm gibst.

Wenn du das wirklich tiefgreifend verstanden hast, dann hast du ein großes Stück Freiheit dazugewonnen. Weil du dann anfangen kannst, die Bedeutungen, die du Ereignissen automatisch zuschreibst, zu hinterfragen und zu verändern. Denn es gibt Bedeutungen, die dich gelassen und entspannt machen, und es gibt Bedeutungen, die dich durchdrehen lassen. Manche regen dein Wachstum an und andere lassen dich verzweifeln. Und bei fast allen gilt: Die einen sind nicht wahrer als die anderen. Es ist eher eine Frage der Perspektive und des Geschmacks.

Es gibt allerdings auch Ausnahmen. Manche Bedeutungen sind nicht verhandelbar, weil sie ein fester Teil unserer Kultur sind. Kannibalismus zum Beispiel hat die Bedeutung, dass jemand etwas Unrechtes tut. Ein Mord hat die gleiche negative Bedeutung. Da gibt es auch keinen Interpretationsspielraum. Hier sollten wir daher nicht versuchen, die Situation mit einer neuen Bedeutung zu versehen. Aber für die allermeisten alltäglichen Ereignisse lassen sich erfolgreich lebensdienliche und konstruktive Bedeutungen finden. Ein Problem ist eine Chance, eine Prüfung, ein Trainingsfeld oder eine Herausforderung. Der Verlust eines Arbeitsplatzes kann ein Neubeginn, ein Weckruf oder eine Verbesserung sein. Wenn jemand unfreundlich zu dir ist, dann ist das lediglich ein Zeichen dafür, dass derjenige einen schlechten Tag hat.

Du musst übrigens nicht alles in deinem Leben umdeuten. Es reicht schon, wenn du dir über das Folgende bewusst bist:

◇ Die Bedeutung, die du den Dingen gibst, ist nicht die Wahrheit, sondern etwas, das in deinem Kopf entsteht.

◇ Andere Menschen weisen einer Sache eine andere Bedeutung zu und diese Bedeutung ist nicht weniger wahr oder richtig als deine.

◇ Es gibt Bedeutungen für eine Sache, die dir Stress machen und dich ausrasten lassen. Und es gibt andere, gleichwertige Bedeutungen für die gleiche Sache, die dich gelassen und entspannt bleiben lassen.

DEINE BEDEUTUNGEN ERKENNEN

Das 6. Prinzip lautet: Wähle weise, welche Bedeutungen du den Dingen gibst. Allerdings ist das Wählen erstaunlich schwierig. Denn das Zuweisen von Bedeutungen zu Ereignissen und Situationen passiert wie gesagt unbewusst in Sekundenbruchteilen. Du bist nicht in der Lage, diesen Ablauf zu steuern, du kannst nur deinen inneren Mechanismus im Nachhinein erkennen und ihn dann bewusst, achtsam und mit viel Selbstmitgefühl betrachten.

Häufig bemerkst du dann, dass du gerade wütend wirst oder dass du dich gestresst fühlst. Dieses Gefühl ist ein Signal dafür, dass du offensichtlich gerade unbewusst wieder einen Dreischritt bestehend aus Ereignis → Bedeutung → Reaktion vollzogen hast. Wenn du das bemerkst, frage dich:

◇ Was ist jetzt das Ereignis gewesen?
◇ Welche Bedeutung habe ich der Sache gegeben?
◇ Und wie reagiert mein Körper darauf?

Durch dieses bewusste Betrachten wird sich der Ablauf das nächste Mal ein wenig verlangsamen. Und wenn du diese Art des Betrachtens oft genug wiederholst, bekommst du das Vergeben deiner Bedeutung irgendwann bewusst mit. Du erkennst dann in der Situation: »Oha, wow, ich denke gerade, dass ... Und das ist erstaunlich destruktiv und macht mir nur Stress. Ich könnte der Sache auch eine andere Bedeutung geben und zwar ...«

Wenn dir das gelingt, hast du wie gesagt ein großes Stück Freiheit gewonnen, weil du dann die Bedeutungen wählst, die gut für dich und dein Seelenheil sind.

BESSERE BEDEUTUNGEN FINDEN

Noch eine Sache, die du tun kannst, um deine Bedeutungen bewusst zu wählen: Überlege dir im Vorfeld neue, bessere Bedeutungen für typische Situationen, die dich negativ berühren. Die besten Bedeutungen sind solche, die bestimmte positive Qualitäten fördern. Qualitäten wie: Hoffnung, Liebe, Fortschritt, Lösungsorientierung, Wachstum, Vernunft, Mitgefühl, Fairness, Entwicklung, Toleranz, Frieden und Versöhnung.

Ein Kollege redet über dich. Das bedeutet nicht viel. So sind wir Menschen eben. Hast du selbst sicher auch schon gemacht. Es wäre daher nicht fair, jemand anderem das vorzuwerfen. In diesem Fall kannst du trainieren, entspannter mit so einer Kritik umzugehen.

Um eine positive Bedeutung für Situationen oder Dinge zu finden, kannst du dir bei jedem Vorfall folgende Fragen stellen:

◇ Wie hilft mir das, um zu wachsen und stärker zu werden?

◇ Inwiefern kann das einen positiven Fortschritt für mich bewirken?

◇ Welche Möglichkeiten und Chancen werden sich mir durch diese Sache vielleicht eröffnen?

◇ Warum werde ich später froh darüber sein?

◇ Wie würde ein unbeteiligter Beobachter diese Situation vermutlich bewerten?

◇ Oder ein sehr toleranter, weiser und mitfühlender?

◇ Welche Bedeutung müsste ich der Sache geben, um konstruktiv und lösungsorientiert damit umzugehen?

◇ Welche Bedeutung müsste ich der Sache geben, damit es Versöhnung und Frieden gibt?

◇ Wie müsste ich über diese Sache denken, damit ich meinen inneren Frieden damit machen kann?

Grundlegende Begriffe und Situationen umdeuten

Es ist übrigens hilfreich, grundlegenden Begriffen, die in schwierigen Situationen immer wieder eine Rolle für dich spielen, mithilfe der obigen Fragen neue Bedeutungen zuzuweisen. Zum Beispiel Geld, Menschen, Freundschaft. Das Gleiche gilt für typische unangenehme Situationen an sich. Mithilfe der Fragen kannst du dir neue mögliche Bedeutungen dafür ausdenken. Zum Beispiel: »Wenn mein Chef mich immer wieder anmeckert, dann liegt das daran, dass er eben ein Muffel ist. Seinen Respekt zeigt er mir durch das gute Gehalt, das ich bekomme.«

Eine gute Bedeutung macht dich stärker, nicht schwächer.

Du kannst auch schwierige Ereignisse in deinem Leben nehmen, mit denen du deinen Frieden noch nicht gemacht hast, und dir dafür neue Bedeutungen überlegen. Deine Frau hat dich verlassen. Das ist schmerzhaft. Aber es ist auch eine Chance für ein neues, glücklicheres Leben mit einer Partnerin, die besser zu dir passt. Geld bringt das Schlechteste im Menschen hervor – manchmal schafft es aber auch einfach hervorragende Möglichkeiten und es hilft dir, Krisen leichter zu überwinden. Dein Teenager macht dich durch seine Mauligkeit wahnsinnig – das ist vollkommen normal in seinem Alter. Und diese Abnabelung ist wichtig, damit ihr später ein gutes Verhältnis haben könnt. Dein Mann weigert sich, Verantwortung für eure Beziehung zu übernehmen – vielleicht gibt er dir auch einfach nur den Freiraum, den du tatsächlich brauchst.

Du kannst so oder so über die Dinge denken. Wenn du ihnen konstruktive, tolerante und lösungsorientierte Bedeutungen gibst, wird es dir besser gehen.

AUTOMATISCHE BEDEUTUNGEN VERÄNDERN

Woher kommen eigentlich die Bedeutungen, die wir den Dingen in Sekundenschnelle geben?

Sie sind irgendwann unbewusst in uns entstanden, hauptsächlich in unserer Kindheit. Durch unsere Erziehung. Durch Erfahrungen. Und durch die Menschen um uns herum. Wenn alle um uns herum erzählt haben, Männer und Frauen würden einfach nicht zusammenpassen, haben wir diese Überzeugung irgendwann übernommen und es ist wahrscheinlich, dass wir eine schwierige zwischenmenschliche Situation später dann mit dieser Bedeutung versehen. Doch Bedeutungen sind wie schon gesagt oft nicht wahr und auch nicht zielführend. Wenn du gelassen, entspannt und positiv durch die Welt gehen willst, denkst du dir daher bessere andere, klügere Bedeutungen aus.

Bedeutungen nebeneinanderstellen

Allerdings werden nur durch das Ausdenken diese neuen Bedeutungen ja nicht Teil deiner unbewussten Prozesse. Du kannst es dir nicht einfach vornehmen und verordnen, einer Situation ab sofort eine neue Bedeutung zu geben. »Ab heute sehe ich Menschen, die mich unfreundlich behandeln, als Gelassenheitstrainer und ich bedanke mich innerlich, dass sie an meinem Training mitwirken.« So funktioniert das leider nicht, da ist die alte, unbewusste Bedeutung im Normalfall schneller und stärker.

Dir zu sagen: »Ab heute denke und reagiere ich anders«, ist eine gute Absicht, aber diese Absicht verändert meist noch nichts. Was besser ist, ist die alte und die neue Bedeutung regelmäßig nebeneinanderzustellen. Du sagst dir: »Ok, meine automatische Reaktion auf Unfreundlichkeit ist, dass ich denke: Menschen sollten freundlich sein. Wenn Menschen unfreundlich sind, zeigen sie keinen Respekt. Aber sie sollten mir gegenüber Respekt zeigen.« Die neue Bedeutung, wenn Menschen unfreundlich zu dir sind, könnte lauten: »Das hat meistens gar nichts mit mir zu tun. Derjenige hat wahrscheinlich einfach nur einen schlechten Tag. Es hat mit meinem Wert als Mensch nichts zu tun, ob andere mich freundlich oder unfreundlich behandeln.« Alles klar? Du stellst beide Bedeutungen nebeneinander und spielst im Kopf ein wenig damit herum. Du fragst dich, welche der Bedeutungen wohl besser ist und dich gelassener macht. Welche Bedeutung dein Leben einfacher und schöner macht. Mit welcher du öfter lächeln kannst. Und dann wählst du diese.

Übung im Rollenspiel

Du kannst das im Kopf üben und dir vorstellen, jemand sei unfreundlich und du würdest mit deiner neuen Bedeutung auf die Unfreundlichkeit reagieren. Und jedes Mal, wenn du doch noch unbewusst die alte Bedeutung abspulst, nimmst du das ganz neutral und freundlich als Trainingsimpuls hin: »Oh, gut. Da war ich noch im alten Muster drin. Es wäre besser gewesen, wenn ich der Sache meine neue Bedeutung zugewiesen hätte. Dann versuche ich es eben noch einmal.«

Wenn du es wirklich ernst meinst, kannst du die Sache auch mit einer vertrauten Person im Rollenspiel üben. Im Sinne von: »Sei mal bitte unfreundlich zu mir und ich zeige dir die neue Bedeutung, die ich deiner Unfreundlichkeit dann zuweise.«

Ein entspanntes Leben entsteht, wenn du den Dingen und Situationen entspannte Bedeutungen gibst.

Deine Bedeutungen zu ändern ist ein Prozess. Es wird ein Weilchen dauern, bis es gelingt. Manche Bedeutungen sind einfacher zu ersetzen und andere schwerer. Das Wichtigste ist hier, dass du freundlich und geduldig mit dir bleibst. Dass du nicht mit dir schimpfst, wenn du mal wieder ein altes, destruktives Bedeutungsmuster abgespult hast. Erinnere dich immer wieder daran: Veränderung braucht Training.

Wenn du damit Schwierigkeiten hast, kannst du mal die Bedeutung überprüfen, die du dem Scheitern gibst. Ist es, wenn du scheiterst, ein Zeichen dafür, dass du doof bist? Ist es ein Signal, um dich zu ärgern? Oder ist das Scheitern einfach ein Zeichen dafür, dass du es noch einmal oder noch viele Male versuchen musst? Dass du nicht aufgeben darfst? Dass du weiter trainieren und üben musst?

STOLPERFALLE:
WENN DU DIR DINGE SCHÖNREDEST

Es gibt bei dem Finden besserer Bedeutungen aber auch ein Risiko. Wenn dir Situationen wirklich objektiv schaden, dann ist es gefährlich, der Situation eine neue Bedeutung zuzuweisen. Also dann, wenn du dir etwas schönredest. Hier einige typische Probleme, die du dir auf keinen Fall schönreden solltest:

◇ wenn du im Job wirklich überlastet bist
◇ wenn du gemobbt wirst
◇ wenn deine Freunde nur nehmen, aber nie etwas geben
◇ wenn dein seelisches Tief schon sehr lange andauert
◇ wenn du in einer toxischen Beziehung lebst
◇ wenn dein Partner wiederholt untreu ist
◇ wenn du geschlagen wirst
◇ wenn dein Kontostand immer in den Miesen ist
◇ wenn dein Körper Krankheitssymptome zeigt.

Wenn du dir schlechte Dinge schönredest, gibst du den Dingen eine weniger dramatische Bedeutung. Oft ist es eine Bedeutung, die dir erlaubt, die für dich schlechte Situation auszuhalten und zu ertragen. Diese Gefahr muss dir bewusst sein. Denn wenn du gut darin wirst, deine Bedeutung zu wählen, wirst du auch besser darin, ungute Situationen auszuhalten, die du eigentlich ändern solltest. Und du wirst auch besser darin, Gefahrensignale zu ignorieren. Deswegen ist es wichtig, immer sehr, sehr bewusst und achtsam mit den Bedeutungen umzugehen, die du den Dingen gibst, und dich zu fragen: Sind hier Hoffnung und eine positive Einstellung angemessen, oder ist das eine Situation, die auch durch eine positive Einstellung nicht besser wird, weshalb hier konkrete Veränderungen und Entscheidungen notwendig sind?

Das kann dann bedeuten, dass du schwierige Gespräche zu führen hast, Konsequenzen ankündigst und sie gegebenenfalls auch umsetzt. Oder auch eine harte Entscheidung triffst.

Mit den folgenden Fragen kannst du überprüfen, wie du bisher mit den Bedeutungen in deinem Leben umgehst.

REFLEXIONSFRAGEN

◇ Wie sehr bin ich in Konflikten oder anderen Problemsituationen der Überzeugung, dass die Bedeutung, die ich den Ereignissen gebe, die objektive Wahrheit ist?

◇ Glaube ich, dass ich die Wahrheit eher erkennen kann als die anderen?

◇ Erzeugen die Bedeutungen, die ich den Ereignissen gebe, Gelassenheit und positive Energie?

◇ Oder eher Stress, Druck und Wut?

◇ Glaube ich daran, dass meine Gefühle ein Ergebnis der Situation oder meiner Deutung der Situation sind?

◇ Wo halte ich mit meiner vielleicht zu positiven Deutung der Situation einen Zustand aufrecht, der mir wahrscheinlich schadet?

7. NIMM DEINE GEFÜHLE UND GEDANKEN NICHT ZU ERNST

Wenn du noch nicht tot bist, spürst du Gefühle. Das ist vollkommen normal. Wut, Begeisterung, Angst, Zuneigung, Trauer, Freude, Langeweile, Lust, Scham – die ganze Palette.

Manchmal entstehen diese Gefühle durch äußere Ereignisse.

Jemand macht eine Bemerkung über dicke Menschen und du empfindest Scham, weil du auch ein bisschen übergewichtig bist. Oder du siehst, dass deine Tochter wieder die Haustür offengelassen hat und wirst wütend, weil du ihr schon tausendmal gesagt hast, dass sie die Tür schließen soll. Oder deine Freundin lädt dich nicht zu ihrer Geburtstagsparty ein, und das macht dich traurig, weil dein ganzer Freundeskreis schon seit Wochen von nichts anderem spricht.

Leider lernen wir in der Schule nicht, wie wir mit diesen ganzen Gedanken und Gefühlen umgehen sollen, die jeden Tag in uns aufsteigen.

Manchmal entstehen Gefühle auch von innen heraus. Dann fühlst du dich einfach ohne erkennbaren Grund müde, lustlos, unruhig oder angespannt. Oder aber fröhlich, motiviert, zuversichtlich und gelassen.

Gefühle sind ein fester Bestandteil unseres Daseins. Wir können sie weder verhindern, noch können wir sie kontrollieren – das Einzige, was wir tun können, ist, auf unterschiedliche Weise mit ihnen umzugehen. Manche Arten des Umgehens mit unseren Gefühlen machen uns unglücklich, angespannt und lassen uns durchdrehen, während andere Arten uns innerlich stark und widerstandsfähig und gelassen machen.

IMMER SCHÖN POSITIV BLEIBEN?

Kommen wir zuerst zu einem weit verbreiteten Problem: Viele Menschen glauben, sie müssten immer glücklich, positiv und gut drauf sein. Glücklich zu sein scheint für viele so etwas wie ein Statussymbol zu sein.

Diese Einstellung stammt nicht zuletzt aus der Lebenshilfe-Szene, wo Glücksgefühle, Optimismus und eine positive Lebenshaltung zum obersten Ziel erklärt werden. Mitgeliefert wird immer auch eine Anleitung, wie wir das erreichen können. Und wer niedergeschlagen oder ärgerlich ist, ist ein bisschen selbst schuld, ganz nach dem Motto: Hättest du halt die Anleitung befolgt.

Sich gut zu fühlen, positiv und optimistisch zu sein, ist eine wunderbare Sache. Der Anspruch, dies immer sein zu müssen, lässt uns dagegen durchdrehen.

Der Anspruch, immer gut drauf zu sein, ist aber unrealistisch. Unser Wohlbefinden hängt von extrem vielen inneren und äußeren Faktoren ab: vom Wetter, von der Jahreszeit, von unserer Stressbelastung, von unserem Umfeld, von hormonellen Schwankungen, von unserer Tagesform und davon, was wir gegessen und wie wir geschlafen haben.

Wenn du dich trotzdem immer gut fühlen willst, hechelst du einem Ziel hinterher, das du nicht erreichen kannst. Bist dann unglücklich, schlecht gelaunt oder ängstlich, fühlst dich schnell unzulänglich und versuchst, diese »negativen« Gefühle zu unterdrücken, weil sie ja schließlich nicht angesagt sind.

ICH BIN MEINE GEFÜHLE

Eine nicht weniger problematische Art, mit deinen Gefühlen umzugehen, besteht darin, sie ungefiltert herauszulassen. Wenn du wütend bist, zeigst du das auch. Wenn du begeistert bist, dann hörst du nicht auf, über diese eine Sache zu reden. Wenn du bei einer Sache ein schlechtes Gefühl hast, dann weichst du ihr aus. Hast du dagegen ein gutes Gefühl, reicht dir das vollkommen als Argument, die Fakten interessieren dich dann nicht mehr so sehr.

Menschen, die sich so ungefiltert von ihren Gefühlen leiten lassen, sind häufig impulsiv und temperamentvoll. Sie sind oft sehr fröhlich, sehr spontan, sehr betroffen, sehr enttäuscht und sehr wankelmütig. Wenn sie ein Gefühl spüren, dann verschmelzen sie damit. Sie werden die Wut. Sie werden die Sorge. Sie werden die Fröhlichkeit. Und sie handeln dann aus dieser augenblicklichen Identität heraus.

Ein positives Verhältnis zu den eigenen Gefühlen zu haben ist eine wunderbare Sache. Die eigenen Gefühle zu ernst zu nehmen und sie zur Leitlinie des eigenen Handelns zu machen, ist hingegen eher gefährlich. Denn unsere Gefühle sind flüchtig. Sie kommen und gehen schneller, als du gucken kannst, und hängen wie gesagt von sehr vielen Faktoren ab: von den Bedeutungen, die wir im Kopf haben (siehe das 6. Prinzip ab Seite 49), davon, wie gut wir geschlafen haben, und von der Bemerkung, die der eine Kollege letzte Woche gemacht hat.

Ich sage nicht, dass man nicht auf sein Bauchgefühl hören sollte. Das Bauchgefühl liefert uns oft wichtige Hinweise, die unser Verstand nicht sehen kann. Aber unser Verstand liefert uns nicht weniger wichtige Hinweise, die wiederum das Bauchgefühl nicht sehen kann oder will.

In der Kombination von Bauch, Verstand und Bedenkzeit werden gute Entscheidungen getroffen.

Daher ist es für unsere Gesundheit und unser Wohlbefinden und auch für ein gutes Auskommen mit unseren Mitmenschen wirklich wichtig, dass wir uns an eine Tatsache immer wieder erinnern, bis sie uns in Fleisch und Blut übergegangen ist: Wer seinen Gefühlen immer glaubt und sie mit der Wahrheit verwechselt, der dreht irgendwann durch.

KLUG UND RICHTIG MIT GEFÜHLEN UMGEHEN

Der beste Weg, mit Gefühlen umzugehen, ist, sie dir zu erlauben. Die angenehmen und die unangenehmen. Erlaube dir deine Gefühle und akzeptiere sie. Akzeptiere, dass sie da sind. Steigere dich nicht in sie hinein und nimm sie nicht sofort als Anlass, um spontan zu reagieren, sondern nimm sie wahr, nicke ihnen freundlich zu und lass sie dann in Ruhe.

Unsere Gefühle transportieren manchmal wichtige Botschaften für uns: »Mach langsamer.« »Du solltest mal was essen.« »Achtung, das ist gefährlich!« Aber oft sind Gefühle auch zufällig und beliebig. Sie haben nicht immer eine tiefere Bedeutung.

Deswegen ist es wichtig, dass du immer auch deinen Verstand mitbenutzt. Beobachte deine Gefühle mit deinem Verstand, nimm sie wahr, schau sie an. Erst wenn ein bestimmtes Gefühl auch nach ein paar Tagen nicht verschwunden ist, kannst du langsam über Maßnahmen nachdenken.

Die beste Art, mit Gefühlen umzugehen, ist, sie nicht gleich zu ernst zu nehmen. Nicht gleich darüber nachzudenken, was sie bedeuten könnten. Nicht verdrängen. Nicht verneinen. Nicht überbewerten. Einfach erst mal da sein lassen.

Die meisten Gefühle verschwinden nämlich schnell wieder, wenn du sie dir erlaubst und ihnen mit einem freundlichen Hallo begegnest. Sag zu deinem Gefühl: »Ich sehe dich, liebes Gefühl. Hallo! Ich spüre dich. Und ich erlaube dir, ein wenig zu bleiben – und dann wieder zu gehen. Denn ich weiß, ich muss mit großer Wahrscheinlichkeit wegen dir nichts unternehmen, nichts tun, nichts ändern.«

Schlechte Gefühle sind ein bisschen wie Ameisen. Eine einzelne ist kein Problem. Erst wenn sie eine Straße durch deine Küche bilden, ist es Zeit, etwas zu unternehmen. Aber früher eben nicht.

AUTOMATISCHE GEDANKEN –
UNSER MONKEY-MIND

Das Gleiche gilt für unsere Gedanken. Unser Kopf denkt den lieben langen Tag von ganz allein: **Bewertungs-Gedanken:** »Mein Kollege redet nur Stuss.« Oder: »Die Politiker sind alle korrupt.« Oder: »Mein Mann hat wieder die Klobrille oben gelassen, der Depp.« **Vergleichs-Gedanken**: »Mist, er kommt bei den Frauen einfach besser an als ich.« Oder: »Unfair, sie verdient mehr Geld als ich.« **Zweifel-Gedanken:** »Ob ich jemals genug Geld für meine Weltreise zusammenbekomme?« Oder: »Ob ich mich hier bewerben soll, ich werde bestimmt so viel schlechter sein als alle anderen Bewerber.« **Sorgen-Gedanken**: »Ich mache mir Sorgen, dass mein Arbeitsplatz als Erster wegrationalisiert wird.« Oder: »Ich habe Angst, dass der neue Freund meiner Tochter sie in zwielichtige Dinge hineinzieht.« **Rache-Gedanken**: »Sie hat mich betrogen, jetzt mache ich sie finanziell nackig«. **Selbstverurteilungs-Gedanken**: »Ich sehe im Spiegel einfach nur fett aus.« Oder: »Ich bin so ein Looser, nichts bekomme ich gebacken.«

Die meisten unserer Gedanken kommen ungefragt, automatisch und planlos. Darauf haben wir keinen Einfluss.

Bedürfnis-Gedanken: »Ich brauche dringend mal Urlaub.« Oder: »Ich brauche jetzt eine Zigarette.« **Selbstanspruchs-Gedanken**: »Ich muss doch eine gute Mutter sein.« Oder: »Sie darf nicht merken, dass ich Angst habe.«

Gedanken dieser Art denken wir in der Regel ganz automatisch. Unser Unbewusstes spuckt sie einfach aus, ohne dass wir es dazu aufgefordert hätten. Es ist einfach das unablässige Geplapper unseres Geistes, das darin von früh bist spät stattfindet. Die Buddhisten sprechen in diesem Zusammenhang vom Monkey-Mind, weil unser Geist so oft und schnell zwischen den unterschiedlichsten Themen hin und her springt wie ein Affe zwischen den Ästen eines Baums.

Gedanken sind nicht immer wahr

Es gibt eine Sache über solche automatischen Gedanken, die du dringend verstehen und dir vor allem merken musst: Sie sind nicht immer wahr. Oft wiederholt unser Kopf nur Sätze, die wir von unseren Eltern gelernt oder die wir aus den unzähligen Werbebotschaften aufgeschnappt haben, die uns jeden Tag umgeben. Unsere automatischen Gedanken liefern uns häufig Bedeutungen zu den Dingen, die passieren. Und wie du weißt, sind diese Bedeutungen nicht selten weder zutreffend noch in irgendeiner Weise hilfreich. Im Gegenteil.

ICH WILL ABER RECHT HABEN

Dass unsere Gedanken oft nutzlos und nicht immer wahr sind, ist für viele Menschen nicht einfach zu verdauen. Ein Teil von uns möchte glauben, dass unsere Wahrnehmung der Welt und unsere Gedanken die Wirklichkeit wahrheitsgetreu widerspiegeln. Das schenkt uns ein Gefühl von Orientierung und Sicherheit.

Es gibt das psychologisch gut untersuche Phänomen des Bestätigungsfehlers. Damit beschreiben Psychologen einen Mechanismus in unserem Bewusstsein, der uns automatisch Informationen so interpretieren lässt, dass sie unserem Weltbild entsprechen. Bekommen wir dann Informationen, die unserer Sicht der Dinge entgegenstehen oder sie sogar wiederlegen, ignorieren wir sie oder tun sie als Ausnahme ab.

Ein Beispiel: Wir denken, dass alle Politiker Verbrecher sind. Dann beobachten wir, wie sich ein Bürgermeister liebevoll und engagiert für seine Stadt einsetzt. Und wir sagen zu uns selbst: »Aber das macht er nur, weil er davon auch Vorteile hat.«

Der Bestätigungsfehler führt dazu, dass wir oft auch unrealistische Weltsichten mit Händen und Füßen verteidigen. Das passiert ganz automatisch, ohne dass wir es merken.

DEN VERSTAND BEWUSST BENUTZEN

Damit wir uns nicht falsch verstehen: Unsere Fähigkeit, denken zu können, ist unendlich nützlich. Sie hilft uns, Probleme zu lösen, Ziele auszusuchen, die uns glücklicher machen, und unsere Vorhaben besser umzusetzen. Wir treffen klügere Entscheidungen, wenn wir vorher über die Möglichkeiten nachgedacht haben. Wir können neue Dinge lernen oder Erfahrungen reflektieren. Aber in solchen Momenten benutzen wir unseren Verstand meist ganz bewusst. Wir setzen uns hin und denken nach: »Welcher Job passt zu mir? Welche der Möglichkeiten passt zu meinen Stärken und Vorlieben? Was sind eigentlich meine Stärken und Vorlieben?« Kurz, wir stellen uns gute Fragen und finden kluge Antworten. Hier sind unsere Gedanken hilfreich und wertvoll.

Dagegen ist das Geplapper unseres Geistes, wenn wir ihn einfach ziellos machen lassen, selten nützlich. Den größten Teil der Zeit grübeln wir dann nur über unsere Ängste, Abneigungen oder Sorgen nach. Auf die meisten unserer automatischen Gedanken könnten wir daher gut verzichten.

Der kluge Umgang mit Gedanken

Daran, dass wir den ganzen Tag automatisch Gedanken denken, können wir nicht viel ändern. Außer wenn wir meditieren, wo es ja darum geht, den Geist zur Ruhe zu bringen und das automatische Geplapper in unserem Kopf abzustellen. Was wir aber auch ohne Meditation bestimmen können, ist, wie wir auf unsere automatischen Gedanken reagieren, wenn wir sie bemerken.

Indem du deine Gedanken mit Abstand betrachtest, nimmst du ihnen ihre Macht über dich.

»Ich bin zu dick.« »Wenn die mich noch einmal so anschaut, mach ich sie fertig.« »Ich hasse meinen Job …« Wenn du bemerkst, wie du so etwas denkst, kannst du einen Schritt zurücktreten und dich fragen: »Bin ich mir gerade darüber bewusst, dass meine Gedanken nicht unbedingt wahr sind? Ist dies jetzt ein hilfreicher oder ein wenig nützlicher Gedanke? Macht der Gedanke mein Leben besser? Macht er das Leben meiner Lieben besser? Oder die Welt?«

Wenn du glaubst, dass dein Gedanke realistisch und nützlich ist, dann solltest du ihn weiterverfolgen oder sogar aufschreiben. Wenn nicht, kannst du den Gedanken einfach als das abtun, was er ist: zufälliges Geplapper deines Geistes. Du brauchst nicht alles, was du denkst, ernst zu nehmen. Behandele deine Gedanken ein bisschen so wie das Gebrabbel eines Babys, das die Sprache noch nicht erlernt hat und einfach nur Laute aneinanderreiht. Lehne sie nicht ab. Lass sie da sein. Aber schenke ihnen nicht zu viel Beachtung.

Wenn es konkret um etwas geht, kannst du deinen Verstand anschalten und dir gezielt Fragen zu einem Thema stellen und Antworten finden. Also bewusst nachdenken.

NIMM NICHT ALLES ERNST

Gefühle → Gedanken → achtsam wahrnehmen, nicht überbewerten

flüchtig und unbedeutend → loslassen

substanziell → berücksichtigen + danach handeln

Das ist das 7. Prinzip: Nimm deine Gefühle und Gedanken nicht zu ernst. Weil du sonst zu schnell durchdrehst. Wenn du handlungsfähig und zufrieden bleiben willst, behalte einen gesunden und freundlichen Abstand zu beidem.

Stelle dir abschließend die folgenden Fragen, um zu überprüfen, wie du mit deinen Gedanken und Gefühlen umgehst.

REFLEXIONSFRAGEN

◇ Bin ich eher ein Verstandes- oder Gefühlsmensch?

◇ Habe ich guten Kontakt zu meinen Gefühlen?

◇ Handele ich oft impulsiv?

◇ Überwältigen mich meine Gefühle häufig?

◇ Habe ich starke Meinungen und Überzeugungen, die ich kompromisslos verteidige?

◇ Bin ich bereit, meine Meinung infrage zu stellen?

◇ Habe ich meine Meinung schon öfter geändert, wenn es gute Gegenargumente gab?

---

8. DAS WAHRE GLÜCK FINDET JETZT STATT

Wir Menschen können uns mit unserem Bewusstsein in unterschiedlichen Zeitenebenen aufhalten. Wir gehen damit in die Vergangenheit, wenn wir über die guten alten Zeiten nachdenken, einer verflossenen Liebe nachweinen, wütend über ein Unrecht sind, dass man uns getan hat, oder wenn wir uns für etwas schuldig fühlen. Wir können mit unserem Bewusstsein aber auch in die Zukunft wandern, etwa wenn wir ein Budget für unsere Abteilung kalkulieren,

Achte darauf, in welcher Zeit du mit deinen Gedanken gerade wanderst, und schiebe dich sanft in die Gegenwart zurück, wenn du auf Abwege geraten bist.

Angst vor einer Präsentation nächste Woche haben, Reisepläne schmieden oder Vorräte für schlechte Zeiten anlegen. In der Gegenwart sind wir mit unserem Bewusstsein, wenn wir den Augenblick genießen, ein Musikstück mit unserer ganzen Aufmerksamkeit hören, unser Lieblingsessen bewusst genießen, meditieren oder wenn wir durch den Wald gehen, die Vögel zwitschern hören und den Waldgeruch in uns aufsaugen.

Wir Menschen bewegen uns mit unserem Bewusstsein flüssig zwischen den Zeitenebenen hin und her, und jede hat ihre Vor- und Nachteile. In jeder Zeitebene kannst du Glück oder Unglück erleben. Jede kann gut für dich sein oder dich durchdrehen lassen. Daher musst du lernen, möglichst geschickt und möglichst bewusst mit der Vergangenheit, der Gegenwart und der Zukunft umzugehen.

Wie das gelingt, erfährst du in diesem Kapitel.

GLÜCK UND UNGLÜCK DER VERGANGENHEIT

Wenn du mit deinem Bewusstsein in der Vergangenheit bist, dann ist es zum Beispiel sehr angenehm, dich an schöne Augenblicke zu erinnern und deine Sternmomente noch einmal zu durchleben. Du kannst dich dann fragen, welche Erfahrungen es wert sind, in der Gegenwart wiederholt zu werden. Welche Erfolge hast du früher *In deiner Vergangenheit sind viele Perlen verborgen, aus denen du eine Kette fädeln kannst.* errungen, die du im Jetzt noch einmal feiern kannst? Aber auch: Welche Fehler hast du gemacht, die du heute nicht noch einmal machen wollen würdest? Welche womöglich auch schlechten Entscheidungen hast du getroffen, aus denen du aber etwas Wichtiges für dich und dein Leben gelernt hast?

Was dagegen nicht empfehlenswert ist: Wenn du mit Dingen aus deiner Vergangenheit haderst, die du nicht mehr ändern kannst. Wenn du Menschen nicht verzeihen kannst, die dir in der Vergangenheit Unrecht zugefügt haben. Wenn du deine Gegenwart immer mit der vermeintlich viel besseren Vergangenheit vergleichst und dich aufregst, dass heute alles anders ist.

Daher mein Rat: Bring nur die nützlichen Dinge aus deiner Vergangenheit in dein Hier und Jetzt. Die schönen Erinnerungen und das, was du aus deinen Erfahrungen heute nutzen kannst. Die anderen Dinge lässt du besser ruhen, wenn du nicht durchdrehen willst. Übe, sie loszulassen und einen Schlussstrich darunter zu ziehen, damit sie dir dein Leben nicht vermiesen.

GLÜCK UND UNGLÜCK DER ZUKUNFT

Auch eine Reise in deine Zukunft kann schöne und weniger schöne Aspekte haben. So macht es viel Freude, Pläne für die Zukunft zu schmieden, sich also zu überlegen: »Was macht mich glücklich?« und »Was kann ich demnächst tun, damit ich in der Zukunft die Dinge habe, die mich glücklich machen?« Die Vorfreude auf Dinge in der Zukunft gehört ja bekanntlich zu den schönsten Freuden. Allerdings gilt hier: Je größer die Vorfreude, desto größer oft die Enttäuschung, wenn es dann anders kommt. Wenn du dich so auf deinen Urlaub freust und der platzt. Es ist daher nicht nur gut, sich darüber bewusst zu sein, dass die Zukunft ungewiss ist, sondern du solltest auch einen Plan B in der Tasche haben: »Ich freu mich da total drauf. Und wenn es wider Erwarten nicht klappen sollte, mache ich XY.«

Gute Vorbereitung, die beste Beschäftigung mit der Zukunft

Ein anderer wichtiger Aspekt im Zusammenhang mit der Zukunft wird oft vernachlässigt: die Vorbereitung auf mögliche negative Entwicklungen. So ist es ratsam, ein finanzielles Polster für Notfälle anzulegen, regelmäßig zum Arzt zu gehen, um Krankheiten rechtzeitig zu entdecken, und sich immer weiterzubilden, für den Fall, dass die jetzige Ausbildung irgendwann nicht mehr gefragt ist. Sich gut vorzubereiten ist nicht pessimistisch, es ist einfach nur realistisch und klug.

Es gibt übrigens noch eine andere Art, sich vorzubereiten, die auf die stoische Philosophie zurückgeht: Stelle dir im Geist vor, wie schlimme Dinge geschehen und was du dann tust. Dass du einen Unfall hast; dass dir gekündigt wird; dass deine Frau dich verlässt oder dein Kind auf die schiefe Bahn gerät. Sich schlimme Dinge vorzustellen hat mehrere Vorteile:

◇ Du weißt das, was du hast, dann wieder mehr zu schätzen.
◇ Du musst dir weniger Sorgen um die Zukunft machen, weil du einen Plan hast, was du im Notfall tun wirst. Dadurch spürst du mehr Sicherheit und kannst deine Gegenwart genießen.

◇ Wenn dann der ungünstige Fall wirklich eintritt, bist du
mental besser vorbereitet und dadurch handlungsfähiger.

Gute Vorbereitung verhindert also jetzt und in der Zukunft, dass
wir durchdrehen.

Sorgen machen – in 90 Prozent aller Fälle reine Zeitverschwendung

Es gibt aber auch weniger gute Dinge, die wir anstellen, wenn
wir mit unserem Bewusstsein in der Zukunft sind. Ein Punkt ist:
Wir machen uns Sorgen. »Was, wenn dem Kind etwas passiert?
Was, wenn ich krank werde? Was, wenn ich bei der Präsentation versage?« Die Beschäftigung mit solchen Fragen nimmt bei
vielen Menschen einen Großteil ihrer Zeit ein.

Ängste und Sorgen sind im Prinzip eine gute Sache. Du
spürst die Angst und weißt: »Okay, da gibt es eine mögliche Gefahr, da muss ich mit umgehen.« Wenn deine Befürchtungen
realistisch sind, hast du genau vier Möglichkeiten:

1. Du tust im Vorfeld was du kannst, damit es nicht zu dem
   kommt, was du befürchtest.
2. Du bereitest dich mental und materiell gut darauf vor,
   dass es doch dazu kommt.
3. Dann erlaubst du dir, auf einigermaßen entspannte Art
   für eine kurze Zeit die Angst zu spüren, und tust nichts,
   wohlwissend, dass 99 Prozent all dessen, was du befürchtest, nicht eintritt.
4. Du fokussierst dich voll auf deine Befürchtungen und auf
   die Angst, die dadurch entsteht, und drehst durch.

Du ahnst es: Die Möglichkeiten 1 bis 3 sind eine kluge Wahl,
Möglichkeit 4 eher nicht. Zu viele Sorgen und Ängste lassen uns
durchdrehen. Deswegen ist es wichtig, dass du mit deinen Sor-

gen klug und bewusst umgehst. Indem du immer wieder zu dir selbst sagst*:*

»99 Prozent meiner Befürchtungen treffen nicht ein. Meistens wird alles gut. Besonders, wenn ich mich gut auf das vorbereite, was ich befürchte. Und wenn ich einen kühlen Kopf bewahre.«

Deine Erwartungen lassen dich durchdrehen

Der andere Punkt, der dich mit Blick auf die Zukunft durchdrehen lässt, sind deine Erwartungen, Wünsche und Träume – vor allem die, die nicht oder nur teilweise in deinem Einflussbereich liegen. »Wenn sie sich doch endlich in mich verlieben würde.« »Ich wünsch mir so sehr Weltfrieden.« »Ich muss unbedingt diesen Wettbewerb gewinnen.«

Was dir Gelassenheit und Seelenfrieden gibt, sind Wünsche und Ziele, die du aus eigener Kraft erreichen kannst. Bei denen du das Ergebnis unter Kontrolle hast (siehe das 1. Prinzip). Statt dir zu wünschen, dass sie sich in dich verliebt, lerne dich selbst zu lieben und zeige dich von deiner besten Seite. Statt dir Weltfrieden zu wünschen, setze es dir als Ziel, dass du so oft wie möglich friedfertig und konstruktiv bist.

Erwarte das Beste, aber sei entspannt, wenn du weniger bekommst.

Statt den Wettbewerb gewinnen zu wollen, setze dir als Ziel, hart zu trainieren und dein Bestes zu geben. Mit Zielen und Wünschen, deren Erreichen du selbst in der Hand hast, wirst du dich weniger ohnmächtig fühlen. Du wirst erfolgreicher und produktiver werden, weil du weniger träumst und mehr handelst.

Wenn wir Ansprüche und Wünsche an die Welt formulieren, die nicht in unserer Hand liegen, macht uns das Druck.

Und es trägt dazu bei, dass wir durchdrehen. Deswegen lass es. Wolle lieber nur noch das, was in deiner eigenen Macht steht. Das macht dein Leben sehr viel einfacher.

GLÜCK UND UNGLÜCK DER GEGENWART

Das Einzige, das du kontrollieren kannst, ist dein Verhalten in der Gegenwart. Schließlich ist die Vergangenheit schon vergangen und die Zukunft liegt noch in der Ferne.

Wenn du also das 1. Prinzip anwenden willst, geht das nur in der Gegenwart. Nur hier kannst du dafür sorgen, dass es dir gut geht. Nur hier kannst du Dinge tun, die dich zufriedener machen, und dich um das kümmern, was dir wichtig ist.

Das ist es, was mit dem Satz »Das wahre Glück findet jetzt statt« gemeint ist. Das gilt sogar für die guten Dinge, die mit der Zukunft und der Vergangenheit zu tun haben, also das Schwelgen in schönen Erinnerungen, das Reflektieren deiner Erfahrungen oder das Planen deiner Zukunft.

Je mehr du dich auf deine Gegenwart, also auf den aktuellen Moment konzentrierst, desto geringer ist die Wahrscheinlichkeit, dass du durchdrehst. Warum? Weil dich am ehesten Dinge aus der Zukunft (Sorgen, Erwartungen, Ansprüche) oder Dinge aus der Vergangenheit (Schuld, Groll, Trauer) durchdrehen lassen. Und diese Dinge lässt du hinter dir, wenn du voll in der Gegenwart bist. Als grobe Daumenregel könnte man sagen: Beschäftige dich 10 Prozent mit der Vergangenheit, 10 Prozent mit der Zukunft und 80 Prozent mit der Gegenwart.

Kontakt aufnehmen mit dem Augenblick

Wirklich in der Gegenwart zu sein, hat vor allem mit Achtsamkeit und mit Konzentration zu tun. Achtsamkeit bedeutet, dass ich in jedem Moment sehr klar mitbekomme:

◇ **wo ich bin** (ich sitze um 5 Uhr im Arbeitszimmer, meine Familie schläft noch),

◇ **was ich gerade tue** (ich schreibe),

◇ **was ich gerade denke** (ich denke über die das Thema Achtsamkeit nach) und

◇ **was ich fühle** (ich bin entspannt und zufrieden, dass ich so gut vorankomme).

In der Gegenwart zu sein bedeutet auch, nur eine Sache zur Zeit zu tun und deine gesamte Aufmerksamkeit darauf zu richten. Du denkst nur über deine Aufgabe nach und jonglierst nicht zehn Dinge gleichzeitig. Wenn du aufräumst, räumst du auf. Wenn dabei Sorgen hochkommen oder du anfängst, Pläne zu schmieden, reserviere dir eine Zeit später, um dich damit zu beschäftigen. Konzentriere deine Gedanken auf die eine Sache, die du gerade tust. In der Gegenwart zu sein heißt auch, Stille und Nichtstun aushalten zu können. Viele von uns können das nicht gut, weil genau dann unerwünschte Gedanken und Gefühle hochkommen. »Es gibt noch so viel zu erledigen und ich bin im Rückstand.« »Ich muss mich dringend um … kümmern.« »Was ist, wenn dies oder jenes passiert?« Wenn wir uns unserem eigenen unruhigen Geist nicht aussetzen wollen, vermeiden wir Stille. Doch wir brauchen Zeiten der inneren

Wirklichen Kontakt mit dir selbst bekommst du nur, wenn du innerlich zur Ruhe gekommen bist, wenn du für eine Weile die Stille zugelassen und ausgehalten hast.

Einkehr, um unseren Weg klar vor uns zu sehen. Deswegen wandern Menschen den Jakobsweg oder sitzen allein am Meer und schauen auf die Wellen.

Nur in der Gegenwart hast du eine Chance auf Glück. Nicht in der Vergangenheit. Nicht in der Zukunft, sondern nur in diesem Augenblick. Nur jetzt kannst du etwas für die Dinge tun, die dir wichtig sind. Nur jetzt kannst du deine Aufgabe erfüllen. Nur jetzt kannst du dankbar sein.

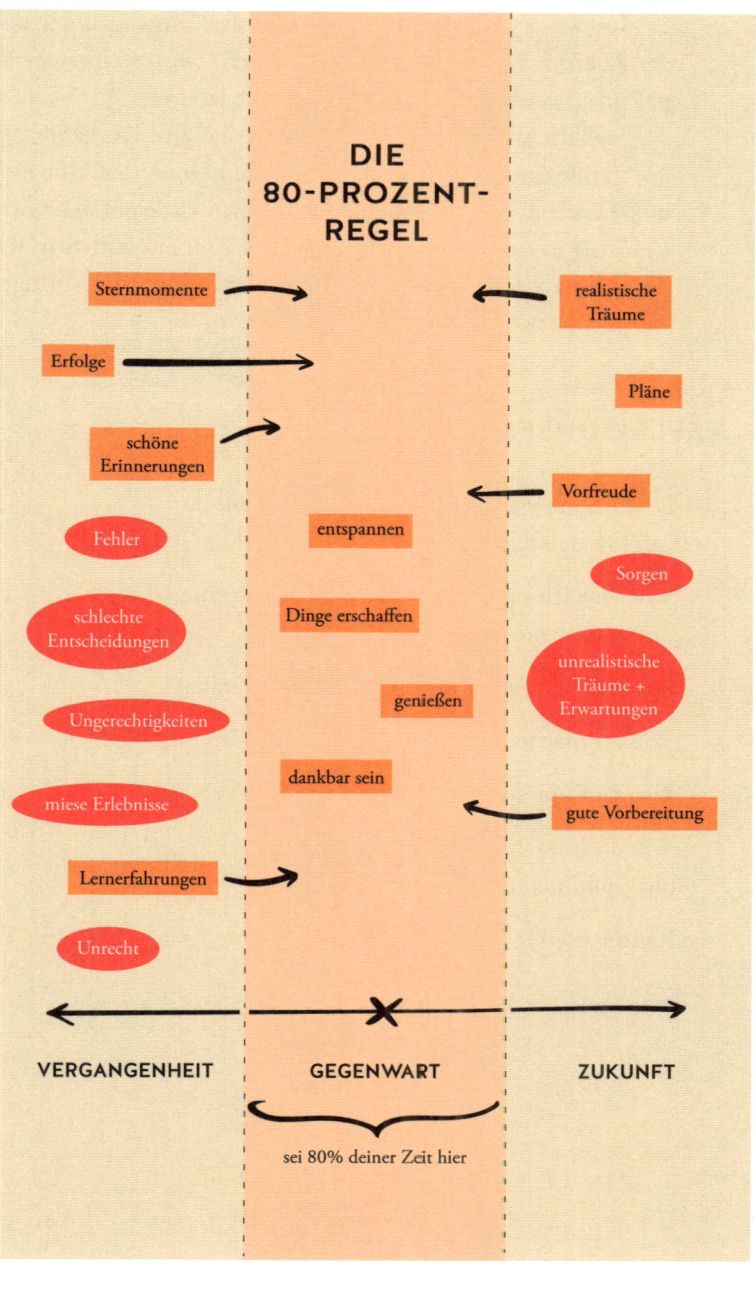

Immer, wenn du zu viel Zeit in der Vergangenheit oder der Zukunft verbringst, drehst du durch. Deswegen lautet das 8. Prinzip eben: Das wahre Glück findet jetzt statt.

Stell dir abschließend die folgenden Fragen. Du kannst mit ihrer Hilfe überprüfen, ob du sinnvoll und förderlich durch die drei Zeitebenen navigierst oder ob du dich vielleicht doch noch zu häufig in der Vergangenheit oder der Zukunft aufhältst, statt den größten Teil deiner Zeit in der Gegenwart zu verbringen. Falls dem so sein sollte, weißt du ja, was zu tun ist ...

REFLEXIONSFRAGEN

◇ Lebe ich am ehesten in der Vergangenheit, der Gegenwart oder der Zukunft?

◇ Schwelge ich oft in guten oder auch schlechten Erinnerungen?

◇ Lebe ich in Frieden mit meiner Vergangenheit?

◇ Wie oft mache ich mir Sorgen?

◇ Welche Rolle spielen Ängste in meinem Leben?

◇ Wie oft bin ich wirklich voll und ganz im Augenblick mit meinem Bewusstsein?

◇ Kann ich Stille aushalten?

9. KÜMMERE DICH ZUERST UM DEINE WICHTIGSTEN DINGE

Ich hoffe, du hast ein klares Bild davon, was dir wichtig im Leben ist. Ja, mehr noch: was dir am wichtigsten ist. Sodass du zum Beispiel aus dem Stegreif sagen kannst: »Am wichtigsten im Leben sind mir mein Seelenfrieden und meine Familie.« Oder: »Am wichtigsten im Le-

Wie willst du gute Entscheidungen treffen, wenn du nicht weißt, was dir wichtig ist?

ben sind mir Erfolg, Leistung und Wohlstand.« Oder: »Am wichtigsten im Leben ist mir, dass ich anderen helfen kann und das Leid auf der Welt so ein bisschen lindere.«

Ich hoffe, du hast das so klar vor Augen. Denn wenn du nicht weißt, was dir wichtig ist, bist du wie ein Blatt in Wind. Du weißt nicht, wann du zu einem Angebot Ja oder Nein sagen sollst. (Denn wie sollst du Entscheidungen treffen, wenn du nicht weißt, was du willst und brauchst?) Du weißt nicht, wann es wichtig ist, gelassen zu bleiben, und wann du deine Kräfte mobilisieren und kämpfen solltest. Wann du Grenzen setzen musst oder wann es genug ist. Das macht dich zum Spielball deiner Umwelt. Dann bist du anfällig für Moden und Verführungen aller Art, denn dann diktieren andere dir, worauf es ankommt.

Wir leben ja in einer Zeit, wo jeder von uns so unendlich viele Möglichkeiten hat. Nie vorher war das Bildungssystem so durchlässig. Du kannst als Hauptschüler starten und trotzdem Abitur machen und studieren. Oder mit 50 deinen Weg noch einmal neu definieren. Aber dazu musst du eben wissen, was dir wirklich wichtig ist im Leben.

DEINE WERTE ZU KENNEN
IST EINE SUPERKRAFT

Wenn du dagegen weißt, was dir wichtig ist, dann gehst du mit einer viel größeren Klarheit durch die Welt und dein Leben. Du kannst viel einfacher und klarer Nein sagen – und zwar zu allem, was dir nicht wichtig ist. Dadurch gewinnst du jede Menge Zeit für die Dinge, die dir wirklich etwas bedeuten. Und davon hast nicht nur du selbst etwas, sondern auch dein Umfeld.

Deine Werte – ein Kompass für dein Leben

Nehmen wir mal an, du weißt, dass dir Freiheit, Lebendigkeit, Miteinander und Bewusstheit am wichtigsten im Leben sind. Dann stehst du morgens auf und fragst dich: Fühle ich mich frei? Und wenn nicht, was kann ich heute tun, um mich freier zu fühlen. Fühle ich mich heute lebendig? Spüre ich Miteinander? Wenn nicht, was kann ich heute gemeinsam mit anderen tun?

Klar vor Augen zu haben, was einem wichtig ist, ist wie ein Röntgenblick durchs Leben. So können wir sofort das Wesentliche vom Unwesentlichen trennen.

Deine Werte sind wie ein Kompass, der dich in die Richtung deines besten Lebens führt. Wenn du diesen Kompass nicht hast, irrst du oft orientierungslos dahin. Du fängst zehn Dinge an und bringst nichts davon zu Ende. Du lässt dich von anderen begeistern, um dann später zu merken: Das war doch nicht meins. Ja, das passiert, wenn du nicht weißt, was Deines ist. Und dieser Zustand schwächt dich und lässt dich in schwierigen Situationen schneller durchdrehen. Jemand mit starken, klaren Werten hingegen hat in schwierigen Situationen immer etwas, woran er sich festhalten kann.

Klare Werte machen uns stark und widerstandsfähig, wenn wir unser Leben an ihnen ausrichten. Deswegen möchte ich dir nachdrücklich empfehlen, dir über deine Werte klarzuwerden.

WAS SIND WERTE?

Ein Wert ist eine eher abstrakte Qualität, etwas, das dir im Leben wichtig ist. Freiheit, Mitmenschlichkeit, Gerechtigkeit, Sorgfalt, Liebe. So etwas. Ein Wert ist etwas, das wertvoll für dich ist und das nahezu jeden Tag in deinem Leben eine Rolle spielt. Aber nicht so etwas wie Atmen, Essen, Trinken oder ein Dach über dem Kopf, das sind keine Werte, sondern Grundbedürfnisse. Werte sind eher immaterielle Begriffe.

Aber es ist kein Wert, wenn es nur »nett« ist, dass es diese Qualität gibt. Oder wenn sie dir nur zwei Mal im Jahr wichtig ist. Etwas ist nur ein Wert, wenn es nahezu jeden Tag in deinem Leben Bedeutung hat. Wenn du es jeden Tag brauchst. Wenn du es vermisst, wenn diese Sache ein paar Tage nicht da war. Wenn es dich richtig aus der Bahn wirft, wenn diese Qualität aus deinem Leben verschwindet oder bedroht ist. Wenn du ohne diese Sache wirklich nicht zurechtkommst und dir das Fehlen dieser Qualität starken Stress verursacht. Nur dann ist es ein wirklicher Wert.

Ohne Klarheit über deine Werte drehst du durch

Sich über die eigenen Werte nicht im Klaren zu sein oder sie nicht zu leben, ist einer der häufigsten Gründe, warum Menschen durchdrehen. Deine Werte zu kennen bedeutet zu wissen, was du wirklich brauchst, damit es dir gut geht. Nicht nur in schwierigen Situationen, sondern grundsätzlich. Denn ein Wert schenkt uns inneren Frieden, Balance und Zufriedenheit. Und wenn der Wert verletzt wird, bringt uns das aus dem Gleichgewicht. Wenn jemand den Wert »Ehrlichkeit« hat und von seinem Arbeitgeber gezwungen wird, seinen Kunden jeden Tag schlechte Produkte zu verkaufen, dann macht ihn das unzufrieden oder sogar krank.

Auch wenn du wegen äußerer Umstände, wegen Sachzwängen oder nicht durchdachter Entscheidungen deine Werte nicht leben kannst, lässt dich das früher oder später durchdrehen. Deswegen ist es so wichtig, die eigenen Werte zu kennen und sein Leben daran auszurichten.

DIE EIGENEN WERTE FINDEN

Da Klarheit über die eigenen Werte so unglaublich wichtig ist, geht es darum herauszufinden, worauf es dir ankommt im Leben. Dazu findest hier eine ganze Reihe von sehr unterschiedlichen Werten:

- Inspiration
- Austausch
- Freundschaft
- Aufmerksamkeit
- Ehrlichkeit
- Spiel
- Nähe
- Feiern
- Ordnung
- Schönheit
- Akzeptanz
- Information
- Transparenz
- Kommunikation
- Kompetenzen
- Kongruenz
- Herausforderung
- Verbindung zu …
- Vergebung
- Vergnügen
- Verstanden werden
- Verstehen
- Verständigung

- Verständnis
- Vielfalt
- Wachheit
- Zielstrebigkeit
- Leichtigkeit
- Eine Aufgabe
- Zusammenarbeit
- Rückmeldung
- Wachstum
- Effizienz
- Lernen
- Vergeltung
- Entwicklung
- Kontakt
- Ausdruck
- Verantwortlichkeit
- Wertschätzung
- Anerkennung
- Gerechtigkeit
- Achtsamkeit
- Abwechslung
- Privatsphäre
- Befreiung

- Neues
- Spiritualität
- Integrität
- Vertrauen
- Korrektheit
- Spaß
- Tatkraft
- Wohlstand
- Gestaltungs-
  möglichkeiten
- Soziales
  Engagement
- Zufriedenheit
- Gleichbehandlung
- Großzügigkeit
- Freiheit
- Einfachheit
- Güte
- Gesundheit
- Beweglichkeit
- Leidenschaft
- Lebensfreude
- Lachen

- Energie haben
- Vitalität
- Kreativität
- Kultur
- Struktur und Ordnung
- Miteinander
- Luxus
- Individualität
- Selbstverwirklichung
- Stärke
- Humor
- Veränderung
- Klarheit
- Hoffnung
- Sinn
- Heilung
- Aktion
- Authentisch sein
- Gesehen werden
- Beständigkeit
- Geborgenheit
- Ruhe
- Bewegung
- Genuss

- Erfolg
- Harmonie
- Erfahrungen Klarheit
- Orientierung
- Tiefe
- Kooperation
- Schmerzfreiheit
- Gewissenhaftigkeit
- Disziplin
- Verlässlichkeit
- Einfluss
- Entlastung
- Flexibilität
- Innerer Frieden
- Freundlichkeit
- Offenheit
- Gegenseitigkeit
- Helfen
- Lernen
- Entwicklung
- Gebraucht werden
- Schutz
- Sex
- Mitgefühl

- Natur
- Kunst
- Gestalten
- Menschlichkeit
- Ausgewogenheit
- Ungestörtheit
- Würde
- Übereinstimmung
- Mitgestalten können
- Fortschritt
- Bei mir sein
- Einfachheit
- Bequemlichkeit
- Dazugehören
- Berührung
- Für mich sein
- Wärme
- Sicherheit
- Eindeutigkeit
- Selbstbestimmung
- Unterhaltung
- Zärtlichkeit
- Abgrenzung
- Liebe

Geh die Liste durch und stell dir zu jedem Wert kurz die Frage: »Was würde es für mich bedeuten, wenn ich auf diesen Wert 30 Tage verzichten müsste? Oder wenn ich 30 Tage lang jeden Tag das Gegenteil dieses Wertes erleben müsste?« Natürlich kannst du auch Begriffe zu dieser Liste hinzufügen, wenn dir ein Wert fehlt. Außerdem darfst du in jeden Begriff hineininterpretieren, was du möchtest. Deine Vorstellung von Freiheit ist anders als meine. Hier geht es um deinen Wert und um deine Vorstellung davon. Prüfe deine Reaktion auf die Frage von oben: »Was würde Verzicht darauf oder 30 Tage das Gegenteil für mich bedeuten?«

Wenn du eine starke emotionale Reaktion spürst, ist das wahrscheinlich ein Wert für dich. Wenn du merkst, dass es schlimm wäre, wenn du darauf verzichten müsstest, dann streichst du den Wert an oder schreibst ihn auf einen Zettel.

Es gibt aber eine Bedingung: Die Liste mit deinen Werten darf nur maximal zwanzig Begriffe umfassen. Wenn du dich nicht entscheiden kannst, frage dich, wie groß dein Unwohlsein und dein Stress beim Verzicht einer Qualität auf einer Skala von 1 bis 10 wohl wären, wobei 1 mildes Unwohlsein und die 10 »wirklich unerträglich« bedeutet. Wähle nur Begriffe mit einer Wertung von 6 bis 10. Gehe also alle Begriffe durch, stell dir die Frage von oben und schreibe maximal zwanzig Qualitäten heraus, die wichtig für dich sind.

Schritt 2: Wähle deine wichtigsten Werte

Jetzt hast du deine zwanzig Begriffe. Nun besteht deine Aufgabe darin, die wichtigsten drei bis sieben unter deinen Werten herauszufinden. Denn wenn uns zu viele Dinge auf einmal wichtig sind, dann ist letztlich wieder nichts wichtig. Wirklich wichtig ist etwas nur, wenn uns der Verzicht darauf schmerzt.

Achte immer darauf, warum du dich unwohl fühlst. Denn wir erkennen unsere Werte am ehesten dann, wenn sie verletzt werden.

Wenn ich einen Goldbarren habe und diesen verliere, dann ist das wirklich schlimm. Wenn ich zehn Goldbarren habe und einer davon kommt mir abhanden, dann ist das doof, aber ich habe ja immer noch neun andere. Wenn ich zwanzig Lieblingsmarmeladensorten habe, ist keine davon wirklich meine bevorzugte Sorte und es ist gleichgültig, welche ich mir davon aufs Brötchen schmiere.

Daher: Wenn deine Werte dir Klarheit bringen sollen, musst du dich für einige wenige entscheiden. Für die drei bis sieben Werte, auf die du am allerwenigsten verzichten kannst.

Dazu gehst du jetzt deine zwanzig Werte aus der Vorauswahl durch und schreibst eine Bewertung zwischen 6 und 10 daran. Die Bewertungen haben die folgende Bedeutung:

6	Es wäre unangenehm, wenn ich darauf verzichten müsste, aber ich käme damit klar.
7	Es wäre an vielen Tagen sehr unangenehm, wenn ich darauf verzichten müsste, aber wenn meine anderen Werte erfüllt wären, käme ich klar.
8	Es würde mich jeden Tag sehr negativ berühren und mir Stress machen und mir würde jeden Tag etwas fehlen, wenn ich darauf verzichten müsste.
9	Es wäre jeden Tag wirklich hart und kaum erträglich, wenn ich diese Sache nicht in meinem Leben hätte. Es wäre wirklich schwer, das auszugleichen.
10	Es würde mich wirklich (ohne Drama) kaputtmachen, wenn ich das nicht jeden Tag hätte. Es wäre für mich einfach nicht auszuhalten.

Wenn du nun alle deine Werte aus der Vorauswahl mit einer Zahl zwischen 6 und 10 versehen hast, nimmst du als Nächstes die drei bis sieben Werte mit der höchsten Wertung aus deinen zwanzig Werten hinaus und schreibst sie auf einen Extrazettel. Das sind dann deine wichtigsten Werte. Die Dinge, die dir am allerwichtigsten sind im Leben. Du kannst dabei auch zwei Wertbegriffe zusammenfassen, wenn sie für dich untrennbar zusammengehören. Zum Beispiel: Miteinander / Gegenseitigkeit (8)

Falls es dir schwerfällt, dich für die wichtigsten sieben Werte zu entscheiden, gehe vor wie folgt: Nehmen wir an, du hättest die folgenden Werte mit einer Wertung von 10, 9, 8 und 7.

1. Freiheit (10)
2. Sicherheit (9)
3. Miteinander / Gegenseitigkeit (8)
4. Bei mir sein (8)
5. Wachstum / Lernen / Entwicklung (8)
6. Natur (7)
7. Erfolg (7)
8. Innerer Frieden (7)
9. Genuss (7)

Du sollst ja nur maximal drei bis sieben Werte aufschreiben. Was machst du also mit den Siebener-Werten, die in ihrer Wichtigkeit gleichwertig sind? Für welchen sollst du dich entscheiden, damit du am Ende bei nur sieben Werten landest?

In so einem Fall kannst du die Werte alle paarweise miteinander vergleichen und dich fragen: »Wäre es schlimmer, dreißig Tage auf Natur oder dreißig Tage auf Erfolg zu verzichten? Wäre es schlimmer, wenn ich dreißig Tage das Gegenteil von Erfolg (jeden Tag Versagen) oder dreißig Tage das Gegenteil von Natur (eingesperrt sein) erleben müsste?« Du kannst auch paarweise alle Kombinationen vergleichen: Natur versus Erfolg – Natur versus innerer Frieden – Natur versus Genuss; Erfolg versus innerer Frieden – Erfolg versus Genuss – innerer Frieden versus Genuss … Den Gewinner des Vergleichs unterstreichst du. Und dann streichst du so lange die Werte durch, die am wenigsten häufig unterstrichen wurden, bis insgesamt nur noch maximal sieben Werte übrigbleiben.

Wenn dir Klarheit und Einfachheit besonders wichtig sind, kannst du dich auch auf drei bis fünf Werte verpflichten. Denn je weniger Werte du hast, desto größer ist deine Klarheit. Aber das ist nur für die Minimalisten unter uns.

Werte genauer reflektieren

Sobald du deine Werte gefunden hast, kannst du anfangen, sie bewusst zu leben. Der erste Schritt dazu ist, sie genauer zu definieren, indem du dich fragst: »Was bedeutet dieser Wert überhaupt für mich?« Denn deine Definition von Miteinander ist bestimmt eine andere als meine. Wenn du deinen Wert im Alltag leben willst, musst du für dich klar vor Augen haben, was es bedeutet, diesen Wert zu haben und zu leben.

Für mich zum Beispiel bedeutet Miteinander, dass ich Kontakt suche und gemeinsame Aktivitäten anstoße. Dass ich zu Projekten, die ich allein machen soll, eher Nein sage. Dass ich mich so verhalte, dass man gerne Dinge mit mir unternimmt, und dass ich versuche, Probleme gemeinsam zu lösen.

Welche Absichten und Handlungen ergeben sich aus deinen Werten? Und in welchen Situationen sagst du wegen eines Wertes Ja oder Nein? Schreibe das für jeden deiner Werte auf, denn das bringt dir große Klarheit.

So eine Liste zu schreiben, fördert auch Probleme in deinem Leben zutage, denn beim Aufschreiben bemerkst du manchmal, dass du deinen Wert durch dein Verhalten sabotierst. Wenn dir zum Beispiel Miteinander wichtig ist, du aber willst, dass die Dinge immer so gemacht werden, wie du es für richtig hältst. Das macht das Miteinander ein bisschen schwierig.

Indem du jeden deiner Werte im Detail beschreibst, lernst du viel über dich selbst und das, was dir ganz konkret wichtig ist.

Die Liste stößt dich also auf eigene Einstellungen und Verhaltensweisen, an denen du arbeiten kannst, um dein Leben noch besser an deinen Werten auszurichten. Die Reflexion deiner Werte ist ein echtes Multifunktionswerkzeug.

Bessere Entscheidungen treffen

Deine Werte helfen dir im Alltag auch, bessere Entscheidungen zu treffen. Denn du kannst dich in jeder Entscheidungssituation fragen: »Stärkt oder schwächt das meine Werte?« »Bin ich im Einklang mit meinen Werten, wenn ich mich so und so entscheide, oder muss ich, um mich selbst und das, was mir wirklich wichtig ist im Leben, nicht zu vernachlässigen und zu verraten, eine andere Entscheidung treffen?« »Soll ich diesen Job annehmen? Lass mich schauen, wie dieser Job zu meinen Werten passt.« »Wohin will ich in den Urlaub? Was sagen meine Werte dazu?« »Ist dieser potenzielle Partner gut für mich? Meine Werte wissen es.«

Deine Werte zeigen dir in wenigen Minuten die beste Wahl in jeder Entscheidungssituation.

Du hast mit deinen Werten eine Art persönliches Orakel, das dich in die für dich beste Richtung schickt. Das ist der besondere Charme daran, die eigenen Werte genau zu kennen.

Das Leben mehr an den eigenen Werten ausrichten

Du kannst sogar noch einen Schritt weitergehen. Du kannst deine Werte als Instrument für deine Lebensgestaltung nutzen. Du kannst die Grundpfeiler deines Lebens daraufhin überprüfen, ob diese mit deinen Werten übereinstimmen.

Die Grundpfeiler unseres Lebens bilden sich oft willkürlich und zufällig heraus. Ohne zu große Planung. Ich meine hier Dinge wie unseren Wohnort, unseren Beruf, unseren Partner, den Freundeskreis oder unsere Hobbys. Normalerweise wollen wir an diesen Sachen nicht rütteln, weil wir so große Veränderungen meist schlecht aushalten können und die Unsicherheit uns Angst macht. Aber wenn wir in einer schwierigen Situation sind, wo sowieso an einem Grundpfeiler unseres Lebens gerüttelt wird, dann ist es sehr sinnvoll, die anstehende Veränderung an unseren Werten auszurichten. Dann können wir uns fra-

gen: »Welcher Beruf würde optimal zu meinen Werten passen?«
Oder: »Wie müsste ein Partner aussehen, der richtig gut zu mir
(zu meinen Werten) passt?« Oder: »Entsprechen meine Hobbys
eigentlich dem, wofür ich stehen will im Leben und was mir tief
drinnen wichtig ist?«

Du merkst schon: Deine Werte klar im Bewusstsein zu
haben, macht dich nicht nur stärker, selbstbewusster und zufriedener, deine Werte sind auch ein praktisches Werkzeug, um
dein Leben so zu planen und zu gestalten, wie es dir wirklich
entspricht. Und nicht zuletzt geben sie dir die Kraft, um nicht
durchzudrehen.

Stelle dir die folgenden Fragen, um deine Beziehung zu deinen Werten zu überprüfen.

REFLEXIONSFRAGEN

◇ Weiß ich, was mir wichtig ist im Leben?

◇ Kenne ich den Unterschied zwischen »etwas attraktiv
finden / haben wollen« und »wirklich brauchen, um
in Balance zu sein«?

◇ Richte ich mein Leben am »Habenwollen« oder am
»Wirklich-Brauchen« aus?

◇ Treffe ich meine Entscheidungen aus dem Bauch
oder aus Sachzwängen heraus?

◇ Oder treffe ich Entscheidungen, die von meinen
Werten geleitet sind?

10. LÖSE DEINE PROBLEME

»Meine Nachbarn sind zu laut.« »Mein Kollege müffelt.« »Mein Mann gibt zu viel Geld aus.« »Das Kind will nicht ausziehen.« »Ich schlafe schlecht.« »Mein Cholesterin ist zu hoch«… Etwas ist ein Problem, wenn es dich stört und belastet, wenn es ein Risiko für deine Gesundheit und dein Wohlergehen darstellt, wenn es deine Ziele und Pläne sabotiert oder wenn es dich davon abhält, dein Leben aus vollem Herzen zu leben.

Die Liste der typisch menschlichen Probleme ist endlos. Und wenn du deine Probleme nicht bewusst und aktiv angehst, dann werden viele von ihnen immer größer und verselbstständigen sich – mit dem Ergebnis, dass du irgendwann daran verzweifelst.

Aus kleinen Problemen werden oft große Probleme, wenn du dich nicht rechtzeitig um sie kümmerst.

Du kannst auf fünf verschiedene Arten mit deinen Problemen umgehen. Zwei Arten davon sind gut, die anderen drei lassen dich durchdrehen. Leider werden sie von den meisten Menschen am häufigsten angewendet.

MÖGLICHKEIT 1:
DAS PROBLEM IM AUSSEN LÖSEN

Die erste Möglichkeit, mit einem Problem umzugehen, ist, das Problem aktiv und mit allen Optionen, die dir zu Verfügung stehen, zu lösen. Oder es zumindest so weit zu lindern, dass es dich nicht mehr so stark belastet. Oder dass es weniger häufig auftritt.

Der Nachbar ist zu laut? Du suchst das Gespräch. Du bittest um Veränderung. Wenn das nichts bringt, rufst du die Polizei.

Dein Job macht dich fertig? Du überlegst, was genau dich fertigmacht, und sprichst mit deinen Vorgesetzten. Das bringt nichts? Also suchst du dir einen neuen Job. Da verdienst du nicht so viel? Dann machst du eine Weiterbildung, um deinen Wert auf dem Arbeitsmarkt zu steigern.

Du japst schon, wenn du ein paar Treppen laufen musst? Also stellst du deine Ernährung um und startest ein auf dich zugeschnittenes Bewegungsprogramm, um fitter zu werden.

Probleme gibt es in jedem Leben. Probleme bekommt man umsonst, dafür muss man nichts tun. Du kannst Probleme als etwas Nerviges und Schlechtes betrachten, oder du siehst sie als einen natürlichen Teil des Daseins an. Und als Möglichkeit, als Mensch zu wachsen und das Leben immer besser und schöner werden zu lassen. Das alles hängt von der Frage ab, welche Bedeutung du Problemen gibst (siehe dazu das 6. Prinzip ab Seite 49).

Dein Problem ist *dein* Job

Der Umgang mit deinen Problemen ist auch eine Einstellung. Viele Menschen sagen: Ich bin nicht schuld an dem Missstand. Schließlich habe ich ja nichts gemacht. Deswegen soll jemand anderes das Problem lösen. Sie sagen: Das Problem zu lösen liegt in der Verantwortung des Problemverursachers. Mein Chef ist unsensibel und fies zu mir, also muss er sich ändern.

Bei Problemen kommt es nicht darauf an, wer schuld ist, sondern es zählt, wer davon profitiert, wenn sie gelöst werden. Dein Schmerz – deine Verantwortung.

Diese Einstellung ist durchaus verständlich, allerdings gibst du, wenn du so eine Sichtweise hast, auch deine Macht ab. Du machst dich komplett von den anderen abhängig. Du deklarierst dich zum Spielball deiner Mitmenschen. Und denen ist es sehr oft erstaunlich egal, wie es dir geht. Schließlich sind die meisten Menschen ausreichend mit ihren eigenen Problemen beschäftigt. Deswegen ist es unrealistisch, von anderen zu erwarten, dass sie sich um deinen Schmerz kümmern.

Eine viel nützlichere Einstellung wäre: »Ich leide unter dem Problem und mein Leid, meine Unzufriedenheit und mein Schmerz sind immer meine Verantwortung. Egal, wer sie verursacht hat. Es ist an mir, etwas daran zu ändern.«

Mit dieser Einstellung ist es egal, wer schuld ist. Du wendest einfach das 1. Prinzip an und tust, was du beeinflussen kannst.

Du leidest unter etwas, *also tust du* etwas. *Dein* Schmerz – *deine* Verantwortung. Löse deine Probleme, egal wer sie verursacht hat. Nebenbei bemerkt: Wer wirklich die Quelle eines Problems ist, wer schuld ist, kann man oft gar nicht so genau sagen. Häufig haben wir, auch ohne es zu merken, unseren Anteil an der Problemlage. Es ist nur eben besser für das eigene Selbstwertgefühl, die Ursachen bei den anderen zu suchen. Reflektierte Menschen suchen dagegen immer auch einen Teil der Verantwortung bei sich selbst.

MÖGLICHKEIT 2: DAS PROBLEM AKZEPTIEREN (DIE SACHE IM INNEN LÖSEN)

Die zweite Möglichkeit, mit einem Problem umzugehen, besteht darin, seinen Frieden damit zu machen. Du sagst: Ich kann die Sache im Augenblick nicht ändern. Ich habe gerade nicht die Kraft, sie zu ändern. Deswegen nehme ich stoisch hin, dass die Dinge sind, wie sie sind, und ich weigere mich, mich deswegen weiter aufzuregen und hier mehr Energie zu investieren. Ich nehme das Problem wahr und ich würde mir die Situation anders wünschen, aber ich werde damit leben und der Sache nicht zu viel Aufmerksamkeit widmen. Ich werde sie aushalten und mich lieber anderen, freudvolleren Dingen zuwenden.

Manchmal ändert sich mit dieser Haltung sogar deine Einstellung zu dem Problem. Manchmal lernst du eine Sache, die dich vorher gestört hat, zu lieben. Denn viel Ablehnung entsteht auch durch die Bedeutung, die wir einer Sache geben (siehe das 6. Prinzip). Und wenn du die Bedeutung veränderst, die du einer Sache gibst, wird auch das Problem oft zu etwas anderem.

Erkläre eine schwierige Person zu deinem Trainer für Gelassenheit. Mach ein nerviges Projekt zu einer Chance, deine Stärke und dein Durchhaltevermögen zu testen. Und wenn du Probleme mit deinem Partner hast, dann mach dir klar: Niemand ist perfekt und ein neuer Partner würde nur neue, andere Probleme mit sich bringen.

MÖGLICHKEIT 3: DAS PROBLEM VERDRÄNGEN

Wenn Probleme zu groß und unlösbar erscheinen, dann wollen wir sie häufig nicht wahrhaben. Wir weigern uns, sie zu sehen oder darüber nachzudenken. Das passiert besonders häufig, wenn wir in einer Zwickmühle sind. Wenn wir wissen: Damit es besser wird, muss ich A machen. Aber wenn ich A mache, dann verliere ich B und B ist mir sehr wichtig.

Wenn wir meinen, sowieso nichts ändern zu können, weil wir in einer Zwickmühle stecken, denken wir nicht über unser Problem nach. Wir schieben die Sache weg.

»Das Leben mit ihr ist ein Alptraum, aber wenn ich sie verlasse, stehe ich finanziell so viel schlechter da.« »Dieser Beruf macht mich krank, aber so eine gut bezahlte Stelle finde ich so schnell nicht wieder und ich muss schließlich das Haus abbezahlen und die Kinder wollen auch noch studieren.«

Aber etwas aus dem Bewusstsein zu schieben, heißt nicht, dass dadurch die Belastung weg wäre. Unterschwellig wirkt sie sich negativ auf unsere Seele und unsere Gesundheit aus. Oft so stark, dass wir durchdrehen. Und dann werden wir körperlich oder seelisch krank. Angefangen mit Verspannungen und Magenschmerzen bis hin zu Depression, Burnout oder Angststörungen. Die Krise, die das hervorruft, löst das Problem dann oft hart und kompromisslos. Sie zwingt uns, uns dem Problem zu stellen, daran kaputtzugehen oder über das Problem hinauszuwachsen.

MÖGLICHKEIT 4: KLAGEN UND JAMMERN

Das hier ist die Problembewältigungs-Strategie, die von den meisten Menschen benutzt wird: Meckern, schimpfen und beklagen.

Sich also emotional kurzfristig entlasten und den eigenen Frust, Ärger oder die Unzufriedenheit nach außen transportieren.

Am besten kann man natürlich über Probleme schimpfen, wenn man dabei anderen die Schuld gibt. »Die Reichen sind schuld. Die Politiker. Die Nachbarn. Die Kollegen. Mein Mann. Meine Frau. Die Kinder. Die sind fies, unmoralisch, faul, ungerecht, egoistisch und alles andere auch.«

Über Dinge zu jammern, die du nicht ändern kannst, ist eine große Verschwendung von Zeit und Energie.

Sich bei einem Problem erst einmal kurz Luft zu machen und zu fluchen, zu hadern und zu schimpfen, ist nicht schädlich. Es entlastet sogar. Die Betonung liegt aber auf kurz. Kurz meckern und dann fragen: Was kann ich tun, um mit dem Problem umzugehen? Um es zu lösen? Oder um meinen Frieden damit zu machen?

Aber viele finden den Ausstieg aus dem Meckern nicht. Und dauerhaftes Klagen und ständige Schuldzuweisungen machen alles nur schlimmer. Denn indem wir klagen, statt mit dem Problem aktiv umzugehen, verneinen wir unsere Macht und unseren Einfluss und zementieren stattdessen unsere Opferrolle. Und wir richten unseren Fokus damit auf etwas, das wir offensichtlich nicht ändern können oder nicht ändern wollen.

Es gibt Menschen, die schauen immer wieder auf das, was nicht o. k. ist, um sich dann darüber aufzuregen. Als ob das für irgendjemanden irgendetwas bringen würde. Einen Vorteil hat das Meckern natürlich schon – wir schaffen damit eine soziale Verbindung zu anderen Menschen, die sich auch gerne beklagen. Sich gemeinsam über etwas oder jemanden aufzuregen, macht ein gutes Gefühl. »Wir beiden, wir gehören zusammen, weil wir uns über die gleichen Dinge aufregen. Wir haben den Durchblick. Wir sehen die Zusammenhänge. Wir stehen auf derselben Seite.« Das gemeinsame Ablästern über die da oben, über *die* Männer, *die* Frauen und über die ganzen Idioten da draußen verbindet. Aber konstruktiv ist es natürlich nicht. Es ändert sich nichts. Die Probleme sind weiter da und vermiesen uns unser Leben. Was uns bei ernsthaften Problemen auf kurz oder lang durchdrehen lässt.

MÖGLICHKEIT 5: DAS STILLE LEID

Es gibt noch eine andere Art zu klagen. Das ist das stille, innerliche Jammern. Wir leiden unter dem Problem. Wir hadern damit. Aber wir reden nicht darüber. Wir machen es mit uns selbst aus. Wir fressen es in uns hinein. Aber unser Fokus liegt trotzdem die ganze Zeit auf den negativen Auswirkungen des Problems. Wir drehen uns in unseren Gedanken und Gefühlen ständig darum, aber nur um das Problem selbst und seine negativen Auswirkungen, wir beschäftigen uns nicht

Erst frisst du die Dinge in dich hinein, dann fressen dich die Dinge von innen auf.

mit möglichen Lösungswegen für diese Sache. Und während das laute Jammern wenigstens noch einen Entlastungseffekt hat, frisst einen das stille Leiden und Jammern innerlich auf.

Ständig laut oder innerlich zu klagen und zu schimpfen, lässt dich irgendwann durchdrehen. Weil es deine Unzufriedenheit mit der Welt immer weiter vergrößert und du dir selbst deine Ohnmacht demonstrierst. Mit jedem Klagen und Meckern bestätigst du dir, wie schlecht und wie doof alles ist. Damit raubst du dir deine Gestaltungsmöglichkeiten und die Hoffnung. Du raubst dir die Chance, dein Leben besser zu machen.

Das waren die fünf Möglichkeiten, um mit Problemen umzugehen: Lösen oder akzeptieren. Oder verdrängen, jammern oder still leiden.

Was du mittlerweile sicher verstanden hast: Wenn du nicht durchdrehen, sondern dauerhaft gelassen und fröhlich bleiben willst, löst du am besten deine Probleme, indem du ihre Ursachen aus der Welt schaffst und so verhinderst, dass sie weiter auftreten. Oder zumindest versuchst du, die Folgen eines Problems abzumindern, wenn du es (noch) nicht komplett lösen kannst. Oder du gehst dem Problem aus dem Weg. Oder du machst deinen Frieden damit.

Du musst dem Problem zeigen, dass du die Chefin oder der Chef bist. Dass du der Spieler bist, der sein Schicksal aktiv bestimmt. Sonst drehst du durch.

Diese Fragen helfen dir zu reflektieren, wie du normalerweise mit Problemen in deinem Leben umgehst. So bekommst du ein wenig mehr Klarheit über dein Verhalten und deine Gewohnheiten und kannst gegensteuern, und dir bessere Gewohnheiten antrainieren, wenn das nötig ist.

REFLEXIONSFRAGEN

◇ Sehe ich die Probleme in meinem Leben?

◇ Habe ich die Probleme in meinem Leben gut im Griff oder stapeln sich die ungelösten Schwierigkeiten?

◇ Was ist meine bevorzugte Umgehensweise mit Problemen:

  ◇ Gehe ich sie aktiv an und löse sie?

  ◇ Schließe ich Frieden mit ihnen?

  ◇ Verdränge ich sie?

  ◇ Oder klage ich viel über meine Probleme, innerlich oder indem ich still darunter leide?

◇ Was sind die wichtigsten Probleme, die mich belasten und die ich angehen sollte?

TESTE DICH SELBST

Jetzt hast du die 10 großen Prinzipien kennengelernt, die verhindern, dass du durchdrehst. In richtig stressigen Situationen, aber auch im Alltag wegen Kleinigkeiten.

Hier findest du rund um diese 10 Prinzipien nun einen Selbsttest. Dieser Test hilft dir, dich in kurzer Zeit selbst einzuschätzen, wo du stehst und wie dicht du davor bist, tatsächlich durchzudrehen. Aber du erfährst dadurch auch, wo vielleicht gerade dein großer Engpass ist, mit dem du dich beschäftigen solltest, um wieder Ausgeglichenheit herzustellen.

Das Ganze funktioniert so: Du findest weiter unten eine Reihe von Aussagen. Zu jeder von ihnen kannst du für dich entscheiden, wie sehr sie auf deine augenblickliche Situation zutrifft. Und dann vergibst du jeweils Punkte für jede Aussage nach dem folgenden Schema:

trifft hundertprozentig zu	**= 4 Punkte**
trifft öfter zu	**= 3 Punkte**
trifft selten zu	**= 2 Punkte**
trifft niemals zu	**= 1 Punkt**

Schreibe dann hinter jede Aussage die entsprechende Punktzahl und rechne am Ende die Punkte zusammen. Je mehr Punkte du hast, desto schwieriger und angespannter ist deine Situation. Die Gesamtpunktzahl ist ein wichtiger Hinweis für dich. Aber auch jede Aussage für sich genommen, bei der du 4 Punkte vergeben hast, zeigt dir, dass es bei diesem Punkt Handlungsbedarf gibt.

Dieser Test ist nützlich, um ihn jetzt einmal zu machen und dadurch eine erste Selbsteinschätzung deiner Situation zu gewinnen. Du kannst ihn aber auch wiederholen, falls du dich mal unter Druck und gestresst fühlst. Um dann für dich die passenden Maßnahmen zu finden.

UND NUN DIE TESTAUSSAGEN:

1. Ich kümmere mich gedanklich und emotional zu sehr um Dinge, die ich nicht beeinflussen kann, (1. Prinzip).
2. Ich versuche durch mein Handeln Dinge zu beeinflussen, die jenseits meines Einflussbereichs liegen. (1. Prinzip)
3. Ich bin überlastet. Ich mache zu viel. Ich habe zu viele Pflichten. (2. Prinzip)
4. Ich habe hohe Ansprüche und will viel von mir und von anderen. (2. Prinzip)
5. Ich empfinde mein Leben als leer. Ich funktioniere nur noch. (3. Prinzip)
6. Mir fehlen eine Richtung und eine Aufgabe im Leben. (3. Prinzip)
7. Ich schaue zu sehr und zu oft auf die Missstände in der Welt. Missstände, die jenseits meines Einflussbereichs liegen. (1. + 4. Prinzip)
8. Ich kenne keine der positiven Entwicklungen auf der Welt. (4. Prinzip)
9. Ich höre selten von positiven Beispielen, wo Menschen sich gegenseitig helfen oder Gutes tun. Wo Güte, Miteinander und Hilfsbereitschaft praktiziert werden. (4. Prinzip)
10. Ich schaue zu sehr auf das Negative in meinem Leben. Ich schaue zu wenig auf die guten Dinge, die ich vermissen würde, wenn sie nicht mehr da wären. (5. Prinzip)

11. Ich gebe den Ereignissen schnell und ohne zu reflektieren eine negative Bedeutung, was Gefühle von Ohnmacht, Enttäuschung und Wut in mir erzeugt. (Prinzip 6)
12. Ich hänge oft in Gedankenschleifen, weil ich gegen Dinge kämpfe, die so nicht sein sollen. (6. + 7. Prinzip)
13. Ich nehme meine Gefühle und meine Gedanken sehr ernst. Ich glaube mir immer, was ich fühle und denke. Das ist für mich die Realität. (7. Prinzip)
14. Ich bin in Gedanken sehr oft in der Vergangenheit (Groll, Trauer, Enttäuschung) oder in der Zukunft (Angst, Sorgen). (8. Prinzip)
15. Wenn ich etwas tue, bin ich in Gedanken meistens woanders, statt den Augenblick zu genießen. (8. Prinzip)
16. Ich weiß nicht, was mir am wichtigsten ist im Leben. (3. + 9. Prinzip)
17. Ich habe oft Entscheidungsschwierigkeiten. (9. Prinzip)
18. Ich leide unter meinen Problemen, aber ich halte sie aus und ertrage sie, statt sie anzugehen, erträglicher zu machen oder sie zu lösen (10. Prinzip)

Insgesamt kannst du bei diesem Test 72 Punkte bekommen.

Unter 36 Punkten ist bei dir alles im grünen Bereich. In diesem Fall verschenke das Buch einfach an jemand anderes, oder hebe es auf, für den Fall, dass du später mal in eine schwierige Situation gerätst.

Bei 36–54 Punkten gibt es möglicherweise Handlungsbedarf. Da gibt es Punkte in deinem Leben, die deinen inneren Frieden und deine Gelassenheit stören. Schaue dir die Aussagen an, wo du 4 Punkte vergeben hast. Hinter jeder ist ja das dazu passende Prinzip aufgeführt. Lies dir das Kapitel dann ruhig noch einmal durch.

Bei 55–72 Punkten kommst du in den Bereich, in dem du irgendwann durchdrehen könntest. Deswegen würde ich dir empfehlen, zu schauen, wo du dir die meisten Punkte gegeben hast, und dann anzufangen, an diesen Punkten zu arbeiten, indem du das Kapitel mit dem entsprechenden Prinzip noch einmal überfliegst und dir die dazu passenden Techniken aneignest und sie anwendest.

Im nächsten Teil des Buchs findest du viele konkrete und leicht umsetzbare Techniken, die dir dabei helfen, die 10 großen Prinzipien in dein Leben einzubauen. Damit du garantiert nicht durchdrehst!

TECHNIKEN, UM NICHT DURCH-ZUDREHEN

Du kennst nun die 10 großen Prinzipien,
die zentralen Grundsätze, die dir helfen, auch
in schwierigen Situationen ruhig, gelassen
und fokussiert zu bleiben.
Doch etwas zu wissen und es dann auch zu tun,
sind bekanntermaßen zwei sehr unterschiedliche
Dinge. Deshalb geht es jetzt um die Frage: Wie
kann ich mich dazu bringen, diese Prinzipien im
Alltag auch wirklich anzuwenden und zu leben?
Damit dir das gelingt, findet du in diesem Teil
jede Menge nützlicher Techniken.

DREI NÜTZLICHE HILFSMITTEL, UM DEINE WELT ZU VERÄNDERN

Kommen wir zuerst zu drei praktischen Hilfsmitteln, die dir nicht nur bei der Umsetzung aller folgenden Techniken helfen, sondern dir auch ganz allgemein in deinem Leben gute Dienste leisten, wenn du etwas verändern möchtest. Immer dann, wenn du dich dazu bringen willst, dir ein bestimmtes Verhalten anzugewöhnen oder eine Gewohnheit in deinen Alltag einzubauen, sind diese Techniken zur Stelle, damit du es auch wirklich tust.

IMPLEMENTATION INTENTIONS

Um Pläne, was sie alles an ihren Lebensgewohnheiten ändern wollen, sind die meisten von uns nicht verlegen. Woran es häufig hapert, ist die Umsetzung. Wenn du die Wahrscheinlichkeit erhöhen willst, deinen Worten auch wirklich Taten folgen zu lassen, ist diese schlichte Technik Gold wert. Sie nennt sich »Implementation Intentions« (Umsetzungs-Absichten) und geht auf den Psychologen Peter Gollwitzer zurück. Sie zu erlernen ist kinderleicht. Zuerst formulierst du eine Handlungsabsicht:

◇ Ich werde öfter Wasser trinken.
◇ Ich werde öfter die Treppe nehmen.
◇ Ich werde öfter fünf tiefe Atemzüge nehmen, um mich zu beruhigen.
◇ Ich werde mir öfter klarmachen, was ich beeinflussen kann und was nicht.

Dann streichst du das schwammige »öfter« in deiner Absicht weg und fügst ihr stattdessen eine konkrete Situation hinzu, wo und wann du es tun wirst. So kommt eine Absichtserklärung in der folgenden Form heraus:

WENN (Situation), DANN werde ich (Handlung).

◇ Jeden Tag vor dem Frühstück (Situation) werde ich 200 ml Wasser trinken (Handlung).

◇ Auf dem Weg mittags zur Kantine (Situation) werde ich die Treppe nehmen (Handlung).

◇ Wenn ich an meinem Schreibtisch sitze und Stress spüre (Situation), werde ich fünf tiefe Atemzüge nehmen (Handlung).

◇ Wenn ich heute in mein Mitarbeitergespräch gehe (Situation), werde ich mir klarmachen, was ich beinflussen kann und was nicht (Handlung).

SO TRAINIERST DU IM KOPF

IMMER WENN ...

konkrete + spezifische Situation

DANN WERDE ICH

konkrete + spezifische Handlung

Du sagst, *was* du tun willst. Und du sagst, in welcher *Situation* du es tun willst. Und zwar so konkret wie möglich. Je konkreter und spezifischer du die Situation beschreibst, desto eher wirst du sie im Alltag erkennen. Und je konkreter und spezifischer deine Handlungsabsicht formuliert ist, desto einfacher machst du es dir, sie dann auch wirklich umzusetzen. »Wenn ich am Schreibtisch sitze« ist besser als »immer« oder »öfter« und »200 ml Wasser trinken« ist konkreter als »Wasser trinken«.

Implementation Intentions – die Anwendungshelfer

Auf den folgenden Seiten wirst du verschiedene andere Techniken kennenlernen, die dir helfen, im Alltag und in schwierigen Situationen gelassen und handlungsfähig zu bleiben. Die Implementation Intentions helfen dir dabei, diese Techniken dann auch wirklich anzuwenden.

MENTALES TRAINING

Eine Erweiterung der Implementation Intentions ist das mentale Training. Hier formulierst du zuerst deine Absicht: WENN (Situation), DANN werde ich (Handlung). Und dann nutzt du deine Vorstellungskraft und spielst in deinem Geist einen Film ab, in dem du tust, was du dir vorgenommen hast.

Beispiel: Wenn ich meiner Chefin gegenübersitze.

Frage dich:

Was genau sehe ich? »Ich sehe meine Chefin, die hinter ihrem Schreibtisch sitzt. Ich sehe den Stuhl vor dem Schreibtisch, auf den ich mich gleich setze.«

Was sehe ich für Details? »Das Telefon auf dem Schreibtisch, den harten Gesichtsausdruck meiner Chefin, ihre dunklen Haare.«

Was höre ich? »Ich höre das Rauschen der Klimaanlage, das Radio, das im Büro immer im Hintergrund spielt, und ich höre die Stimme meiner Chefin.«

Was spüre ich? »Ich spüre den Stuhl unter meinem Hintern und in meinem Rücken. Ich spüre den Druck in meinem Nacken.«

Als Nächstes nimmst du den Handlungsteil deiner Implementation Intention. Sage dir: »Dann setze ich mich aufrecht hin und mache mir klar, dass sie keine Macht über mich hat und dass sie die wichtigen Dinge in meinem Leben nicht kontrollieren kann.«

Dann frage dich:

Was genau sehe ich? »Ich sehe immer noch meine Chefin.«

Was genau höre ich? »Ich höre meine ruhige und feste und klare Stimme. Ich höre die Irritation in der Stimme meiner Chefin.«

Was genau fühle ich? »Ich fühle, wie ich meinen Rücken gerade mache und meinen Kopf hebe. Ich fühle, wie mein Atem langsam und kräftig geht.«

Was tue ich? »Ich sage mir ganz ruhig: Diese Frau hat keine Macht über mich. Ich habe meine Rechte und die kann ich vertreten.«

Beim mentalen Training stellst du dir also zuerst die gesamte Situation vor und dann das, was du in der Situation tust. Und du stellst dir vor, was du siehst, hörst und zu dir selbst sagst.

Mach das, wenn du dich auf eine einmalige Situation vorbereiten willst, zwei- bis dreimal hintereinander. Wenn deine Absicht etwas ist, das du täglich und gewohnheitsmäßig tun willst, mach es zwei bis drei Wochen täglich für einige Minuten.

Das mentale Training hilft dir dabei, verlässlicher das zu tun, was dich stärker und gelassener macht. Weil du dir eine Situation vorher vorstellst. Weil du dann schon weißt, was dich wahrscheinlich erwartet. Das verhindert, dass du durchdrehst.

ERINNERE DICH

Manchmal nützt auch die beste Absicht nichts. Wenn wir vergessen, was wir uns vorgenommen haben, dann tun wir es nicht. Selbst wenn wir es eigentlich noch so doll wollen. Was hier hilft: sich zu erinnern.

Sich zu erinnern bedeutet nichts anderes, als sich den Wenn-Teil einer Implementation Intention selbst zu schaffen. »Immer wenn mein Smartphone diese Sirene abspielt, dann gehe ich zum Wasserhahn und trinke ein großes Glas Wasser.« Oder: »Immer wenn ich mein Journal auf dem Küchentisch sehe (wo ich es bewusst liegenlasse), dann trage ich ein, wie gestresst ich heute auf einer Skala von 1 bis 10 bin.« (Und wenn ich eine 6 oder mehr eingetragen habe, mache ich eine kurze Atemübung.)

Wir vergessen auch das, was uns wichtig ist

Wir Menschen vergessen, verdrängen oder übersehen leicht Dinge. Je stressiger und voller unser Alltag ist, desto eher passiert das. Deswegen gilt: Wenn dir etwas wirklich wichtig ist, dann erinnere dich daran. Du wirst nämlich nicht mit größerer Wahrscheinlichkeit daran denken, nur weil es wichtig ist. Im

Sich selbst zu erinnern ist die wichtigste Disziplin bei jeder Form der Selbstregulation und Selbstorganisation.

Gegenteil: Oft sind die Dinge, die gut und richtig für uns sind, anstrengend, deswegen will der bequeme Teil in uns die Sache vergessen. Ohne dich zu erinnern, geht sie dann schnell unter.

Deine Bereitschaft, dich verlässlich zu erinnern, ist ein Gradmesser dafür, wie ernst du es mit einem Vorhaben meinst. Wenn du dich nicht erinnern willst, ist das oft ein Zeichen für Halbherzigkeit oder innere Widerstände. Also: Erinnere dich immer wieder verlässlich daran, die Techniken aus diesem Buch anzuwenden.

WIE DU DICH AUF DEINEN EINFLUSSBEREICH KONZENTRIERST

Es gibt Dinge, die du beeinflussen kannst, und Dinge, die jenseits deiner Kontrolle liegen. Wenn du dich vor allem auf das konzentrierst, was du selbst in der Hand hast, wird dein Leben leichter. Du wirst gelassener. Außerdem steigen deine Produktivität und deine Schaffenskraft, weil du weniger Energie auf die unkontrollierbaren Dinge verschwendest.

DEINE GRENZEN ANNEHMEN

Die erste Technik, um das 1. Prinzip (ab. Seite 7) zu stärken, besteht darin, dir im Geist vorzustellen, wie du dieses Prinzip lebst. Wie du dich auf das konzentrierst, was du beeinflussen kannst. Du führst also eine mentale Trainingssitzung durch.

MENTALES TRAINING: DEN FOKUS AUF DEN EIGENEN EINFLUSS RICHTEN

Stell dir vor… dich kritisiert jemand und du sagst dir innerlich: »Ich kann nicht kontrollieren, was andere von mir denken oder zu mir sagen. Schon der Versuch allein verursacht Ohnmacht und Stress in mir. Ich kann nur kontrollieren, was ich tue und was ich zu mir sage.«

Oder stell dir vor, du stehst jemandem gegenüber, der über eine Sache entscheidet, die du willst. Vielleicht ein Mitarbeiter der Bank, von der du einen Kredit haben möchtest. Dann sage zu dir: »Ich kann nicht kontrollieren, ob er oder sie in meinem Sinne entscheidet. Ich kann nur mein Bestes geben. Mein Ziel ist erreicht, wenn ich das tue. Mehr kann ich nicht beeinflussen.«

Stell dir vor, ein Nachbar hört sehr laut Musik und du fühlst dich gestört. Dann sagst du zu dir: »Ich kann nicht kontrollieren, wie rücksichtsvoll oder wie egoistisch ein Mensch ist. Ich kann mich nur entscheiden, ob es mir wichtig genug ist, deswegen meinen Nachbarn um Rücksicht zu bitten oder die Polizei zu rufen.«

Mache dir wieder und wieder klar: Du hast keinen Einfluss darauf, was andere Menschen tun, denken oder fühlen. Du kannst nicht kontrollieren, ob ihnen Mitgefühl, Rücksicht oder Freundlichkeit wichtig sind. Alle Versuche, andere Menschen dahingehend zu beeinflussen, sorgen meist nur für Stress und Ärger auf beiden Seiten. Du kannst ja nicht einmal kontrollieren, was du selbst fühlst oder denkst. Das sind automatische Prozesse, die sich nur sehr bedingt steuern lassen.

Alles was du kontrollieren kannst, ist dein bewusstes Verhalten und was du bewusst und gezielt zu dir selbst sagst. Was du kontrollieren kannst, sind deine Entscheidungen und die Prioritäten, die du dir im Leben setzt. Wenn du dich konsequent auf die Dinge konzentrierst, und diese Dinge in Ruhe lässt, die nicht in deiner Macht liegen, dann wird dein Leben viel entspannter. Du wirst mehr erreichen, weil du deine Kraft nicht verschwendest, sondern dich klug auf die richtigen Punkte konzentrierst. Auf das, wo du etwas erreichen kannst.

TECHNIK: DER EINFLUSSKREIS

Schau dir einmal die folgende Abbildung mit dem Einflusskreis an. Im inneren Kreis sind die Dinge, die du kontrollieren kannst: Was du dir für Prioritäten und Ziele setzt, was du bewusst tust, was du bewusst zu dir sagst, wie du auf das reagierst, was passiert. Im äußeren Kreis sind die Dinge, die du nicht kontrollieren kannst: halbbewusste Gedanken in deinem Kopf, deine Gefühle, das, was andere Menschen tun, denken und fühlen, was anderen wichtig ist, die Wirtschaft, die Politik, die Gesellschaft.

Nehmen wir nun den Wunsch: »Meine Frau soll mich lieben.« Ob deine Frau dich liebt oder nicht, liegt außerhalb deiner Kontrolle. Du kannst ja nicht einmal deine eigenen Gefühle steuern, die von anderen also erst recht nicht.

Natürlich kannst du trotzdem etwas tun, um die Wahrscheinlichkeit, dass sie dich liebt, zu erhöhen. Du kannst stets freundlich zu ihr sein, etwas mit ihr unternehmen, ihr kleine Aufmerksamkeiten zukommen lassen und sie in allem, was ihr wichtig ist, unterstützen. Das alles kannst du tun und dann lebt ihr womöglich bis zu eurem Lebensende glücklich zusammen. Es kann aber trotzdem sein, dass morgen jemand kommt, in den sie sich verliebt, und sie verlässt dich. Solche Dinge passieren.

Du kannst also etwas dafür tun, dass dein Wunsch sich erfüllt, aber kontrollieren kannst du es nicht. Das ist ein wichtiger Unterschied.

Für deine Gelassenheit, deine Ausgeglichenheit und für deinen Erfolg ist es aber in jedem Fall viel besser, wenn du dich gedanklich und mit deinem Tun im inneren Kreis bewegst. Weil du nur da etwas bewirken kannst. Es schenkt dir Energie und Selbstvertrauen, wenn du dich auf den inneren Kreis fokussierst, während es dir ein Gefühl von Ohnmacht und Hilflosigkeit gibt, wenn du dich gedanklich viel im äußeren Kreis aufhältst.

Und jetzt bist du dran...

Schritt 1
Überlege dir, welche Situation, in der du gerade steckst, etwas mit deinem Stressempfinden zu tun hat. Die folgenden Fragen können dir helfen, dir selbst und deinem Empfinden auf die Schliche zu kommen:

◇ Was ist passiert?
◇ Was fühle ich?
◇ Welche Sorgen mache ich mir?
◇ Was sage ich zu mir selbst?
◇ Wer ist alles beteiligt?
◇ Wer hat was getan oder gesagt? Oder nicht getan/gesagt?
◇ Was ist mein Ziel in dieser Situation?
◇ Was haben die anderen für Ziele oder Absichten?

Nehmen wir ein Beispiel: Du hast ein Gespräch mit deinem Vorgesetzten und das liegt dir im Magen. Du listest dann die Antworten auf, die dir mithilfe der Fragen zu dieser Situation einfallen:

◇ Mein Vorgesetzter hat mir eine E-Mail geschrieben und mich zum Gespräch gebeten.

◇ Ich weiß nicht, worum es geht.

◇ Ich mache mir Sorgen, dass er mit meiner Leistung nicht zufrieden sein könnte.

◇ Ich fühle mich gestresst und nervös.

◇ Mein Ziel: Gut dastehen. Meinen Job behalten. Irgendwann auch Abteilungsleiter werden.

◇ Die Ziele meines Vorgesetzten: Wahrscheinlich das Wohl des Unternehmens. Aber wahrscheinlich auch andere Dinge, die ich nicht kenne.

Schritt 2

Jetzt nimmst du Papier und Stift zur Hand und zeichnest dir selbst einen Einflusskreis, in den du all diese Punkte einsortierst.

Innerer Kreis: Was du tust. Wie du auf das reagierst, was dein Vorgesetzter sagt. Was du vor und während des Gesprächs zu dir selbst sagst, usw.

Äußerer Kreis: E-Mails vom Vorgesetzten, Gefühl von Unsicherheit, Sorgen wegen Leistung, Stress, Nervosität, die Frage, ob du gut dastehst, deinen Job behältst, ob du Abteilungsleiter wirst, die Ziele deines Vorgesetzten.

Schritt 3

Ergänze nun den inneren Kreis. Schreibe zusätzlich konkrete Dinge auf, die du vor dem oder im Gespräch tun und sagen kannst. Etwa, was du für die Firma in letzter Zeit geleistet hast und wo du deinen positiven Anteil siehst. Nenne auch Bereiche, wo du dich noch verbessern willst. Schreibe aufmunternde und dich beruhigende Dinge.

Indem du deinen Einflusskreis so ausfüllst, schaffst du Klarheit über das, was in der Situation sinnvoll und zielführend ist (der innere Kreis) und was dagegen nutzlos und fruchtlos ist (der äußere Kreis). Den äußeren Kreis kannst du nur hinnehmen und akzeptieren, dass er ist, wie er ist. Aber im inneren Kreis kannst du etwas verändern. Da kannst du Dinge tun, die mit Glück durch Ursache und Wirkung irgendwann positive Effekte im äußeren Kreis zeigen.

TECHNIK: 100-PROZENT-ZIELE

Diese Technik hilft dir dabei, dir realistische Ziele zu setzen, die sich im inneren Bereich des Einflusskreises befinden. Ein 100-Prozent-Ziel ist ein Ziel, dass du mit hundertprozentiger Sicherheit erreichen kannst. Du setzt dir bei dieser Technik also nur Ziele, deren Erreichen du selbst in der Hand hast.

»Den besten Urlaub meines Lebens haben«, »gesund bleiben« oder »das Rennen gewinnen« sind übrigens keine 100-Prozent-Ziele, auch wenn sie sich im ersten Moment so anhören. 100-Prozent-Ziele gehen so:

◇ Eine Liste mit zehn Dingen machen, die mir bei einem schönen Urlaub wichtig sind, und dann einen dazu passenden Urlaub auswählen.

◇ Jeden Tag fünf Portionen Obst und Gemüse essen, zwei Liter Wasser trinken und eine Stunde spazieren gehen.

◇ Acht Wochen jede Woche an fünf Tagen jeweils vier Stunden trainieren und zusätzlich ausgiebig dehnen.

◇ Mir jeden Tag aufmunternde und motivierende Dinge sagen. Mich jeden Tag fragen, ob ich beim Training wirklich mein Bestes gebe.

Bei einem 100-Prozent-Ziel formulierst du immer, was du tun wirst. Weil das das Einzige ist, was du beeinflussen kannst. Und damit bist du bei 100-Prozent-Zielen immer erfolgreich. Ganz nach dem Motto: »Ob ich das Rennen gewinne, kann ich nicht wissen. Es wäre natürlich sehr schön, aber wirklich wichtig ist, dass ich beim Training und beim Rennen selbst mein Bestes gebe. So siege ich auf jeden Fall.« Statt zu formulieren, was du zu erreichen beabsichtigst, formulierst du als Ziel also, was du bereit bist zu tun, um den wünschenswerten Zustand herzustellen.

Schritt 1
Überlege dir, was du erreichen willst.

Schritt 2
Prüfe, ob du das angestrebte Ergebnis in der Hand hast.

Schritt 3
Falls du es nicht in der Hand hast, überlege dir, was du tun kannst, um das angestrebte Ziel zu erreichen. Setze dir dann das Ziel, zu tun, was du tun kannst, und nicht aufzugeben. Denn diese Dinge hast du in der Hand. Und so gewinnst du immer.

FORMULIERE IMPLEMENTATION INTENTIONS UND ÜBE MENTAL

◇ WENN ich Druck oder Stress spüre, DANN nutze ich den Einflusskreis, um mich wieder auf das zu konzentrieren, was ich kontrollieren kann.

◇ WENN ich mich aufrege, DANN mache ich mir klar, dass ich mich sehr wahrscheinlich gerade mit etwas beschäftige, das jenseits meines Einflussbereichs liegt.

◇ WENN ich in Zukunft ein Ziel formuliere, DANN achte ich darauf, dass es ein 100-Prozent-Ziel ist.

WIE DU NICHT ZUSAMMENBRICHST

Es passiert schnell, dass unsere Pflichten sich zu unüberschaubaren Bergen auftürmen und der Tag für all die vielen Aufgaben zu wenig Stunden hat. Für kurze Phasen ist das in Ordnung. Wir Menschen können kurzfristig größere Belastungen aushalten. Aber wenn sich so eine Stressphase zu lange hinzieht, wenn sie Monate oder vielleicht Jahre dauert, dann steigt die Wahrscheinlichkeit, dass wir irgendwann zusammenzuklappen. Deshalb lautet das 2. Prinzip: Vermeide Überlastung (ab Seite 21).

TECHNIK: DEINE STRESSFORMEL VERSTEHEN UND UMFORMEN

Jeder Dauerstress hat eine bestimmte Logik. Du kannst eine Dauerstress-Situation sogar durch eine Formel ausdrücken:

DIE DAUERSTRESSFORMEL

D auerstress

=

U mstände, die Stress machen

+

G ründe, warum du nichts änderst

Normalerweise würde man denken, dass ein vernünftiger Mensch irgendwann sagt: »So, die Situation macht mich krank, ich muss jetzt etwas ändern.« Aber das passiert oft nicht. Weil wir eben Gründe dafür haben, warum wir eine Situation so lassen, wie sie ist, und den Dauerstress weiter ertragen. Für diese Gründe steht in der obigen Formel das G.

Aber beschäftigen wir uns erst einmal mit dem U in der Gleichung, mit den Umständen. Solche Umstände könnten sein: Wir haben zu viele Aufgaben oder zu viel Verantwortung im Job. Wir sind in einer Situation, wo viel auf dem Spiel steht und wir deswegen mehr als die volle Leistung bringen müssen. An uns nagt eine Doppelbelastung durch Beruf und Familie. Wir haben Angehörige, um die wir uns kümmern wollen oder müssen, und dann sind da auch noch zusätzliche Pflichten durch ein Ehrenamt oder die Mitgliedschaft in einem Verein. Oder wir haben uns private Projekte aufgeladen, die uns jetzt auffressen.

Wenn du deine Gründe kennst, findest du Ansatzpunkte, um etwas an deiner Situation zu verändern.

Manchmal entsteht Dauerstress aber auch durch fehlende Fähigkeiten, zum Beispiel die Fähigkeit, Nein zu sagen, oder die Fähigkeit, uns zu organisieren, weshalb wir für alles dreimal so lang brauchen. Auch die Fähigkeit, eine Aufgabe nur ausreichend und angemessen zu erledigen, kann fehlen. Das ist dann der Fall, wenn bei uns immer alles perfekt sein muss. Das alles sind Umstände, die Stress hervorbringen.

Jetzt zurück zu den Gründen, warum wir trotz Stress nichts ändern. Diese Gründe sind vielfältig und persönlich, weil wir alle anders sind und alle unsere eigene Geschichte haben. Trotzdem gibt es einige typische Gründe dafür, im Dauerstress zu bleiben: Finanzielle Sorgen – wir haben Angst, unseren Lebensstandard runterfahren oder jemand anderem auf der Tasche liegen zu müssen. Wir haben dies oder jenes versprochen und wollen zuverlässig sein. Wir haben Sorge, enterbt zu werden, wenn wir jetzt eine bestimmte Sache nicht mehr tun. Oder es treibt uns die Angst um, dass andere sonst schlecht von uns denken.

So jetzt hast du eine Idee, wofür das G in der Gleichung stehen kann. Und nun bist du dran. Jetzt geht es darum, deine eigene Stressformel zu erstellen, zu verstehen, weshalb du D, also Dauerstress, Überlastung und Überforderung aushältst.

Und jetzt bist du dran ...

Schritt 1

Was ist dein U? Liste bitte die Umstände auf, die dich gerade so stressen. Was ist es genau? Werde konkret und notiere dir auch die Details.

Schritt 2

Als Nächstes listest du deine Gründe auf, warum du in dieser Situation bleibst. Um sie zu finden, kannst du einfach den folgenden Satz vervollständigen: »Ich kann damit nicht einfach aufhören, weil ...« Es ist wichtig, dass du hier so viele Gründe wie möglich findest. Schreibe mindestens fünf bis zehn Punkte auf. Am besten lässt du dir Zeit dafür und wiederholst immer wieder den Satzanfang im Kopf.

Deine Gründe aufzuschreiben hat verschiedene Effekte. Du machst dir dadurch deine Motivation bewusst, warum du in der ungesunden Situation bleibst. Außerdem werden dir, wenn du das Geschriebene anschaust, vielleicht ein paar falsche Schlüsse in deinem Denken auffallen: Ist jemand, der sich weigert, sich von einer Situation krank machen zu lassen, wirklich eine Mimose? Und bist du ein Versager, nur weil du dir einen neuen (vielleicht sogar besser bezahlten) Job suchst?

Schritt 3

Jetzt, wo du die Gründe aufgelistet hast, möchte ich dich noch einmal an das 6. Prinzip erinnern: Wähle weise, welche Bedeutungen du den Dingen gibst. Wenn du anfängst, ein bisschen mit der Bedeutung deiner Gründe zu spielen, wirst du vielleicht eher die Kraft finden, aus dem Dauerstress auszusteigen. So könntest du dich beispielsweise fragen: »Was würde es bedeuten, wenn ich wirklich mein Haus nicht mehr abbezahlen könnte, weil ich keinen so gut bezahlten Job mehr finde?«

An solche Vorstellungen lassen sich eine ganze Menge negative Bedeutungen hängen. Zum Beispiel: »Wir hätten nicht mehr so viel Platz. Wir müssten umziehen, das ist anstrengend. Die Kinder hätten nicht mehr so einen schön kurzen Schulweg.«

Du könntest der Sache aber auch positivere Bedeutungen zuweisen, etwa: »Minimalismus liegt ja voll im Trend und beim Umziehen könnte ich mal wieder richtig ausmisten. Mein Leben würde leichter. Die Kinder würden fitter, weil sie länger mit dem Fahrrad fahren müssten.«

Gründe sind die Gitterstäbe deines Gefängnisses. Stell deine Gründe infrage und du bist frei.

In Schritt 3 dieser Technik nimmst du also deine wichtigsten und schwerwiegendsten Gründe, warum du meinst, nichts ändern zu können, und findest heraus, welche Bedeutungen diese Gründe für dich haben. Anschließend probierst du aus, welche neuen, positiveren Bedeutungen du diesen Gründen geben könntest und wie sich das auf dein Denken auswirkt.

Du wirst sehen, wenn du das eine Weile lang machst, bricht dein ganzes Kartenhaus aus Gründen, die dich in einer für dich ungesunden Stresssituation halten, in sich zusammen.

Und das ist der Trick dieser Technik: Meist ändern wir nichts an unserem Dauerstress, weil wir einer möglichen Veränderung eine negative Bedeutung geben. Verändern wir hingegen die Bedeutung, dann wird es in unserem Kopf plötzlich möglich.

TECHNIK: STRESSJOURNAL

Wenn wir Dauerstress haben, verlieren wir oft das Gefühl dafür, wie anstrengend und krankmachend eine solche Situation wirklich ist. Denn auf die schlechten Tage, wo wir hadern und kurz vor dem Ausstieg sind, folgen auch immer wieder gute Phasen, in denen wir zu uns selbst sagen: »Siehst du, es ist doch gar nicht so schlimm. Das lässt sich gut aushalten.«

Um ein realistisches Bild von deiner Stressbelastung zu bekommen, kannst du dir ein Journal zur Hand nehmen und darin in Form eines Diagramms jeden Tag kurz notieren, wie sehr du dich gestresst und überlastet fühlst.

Und jetzt bist du dran ...

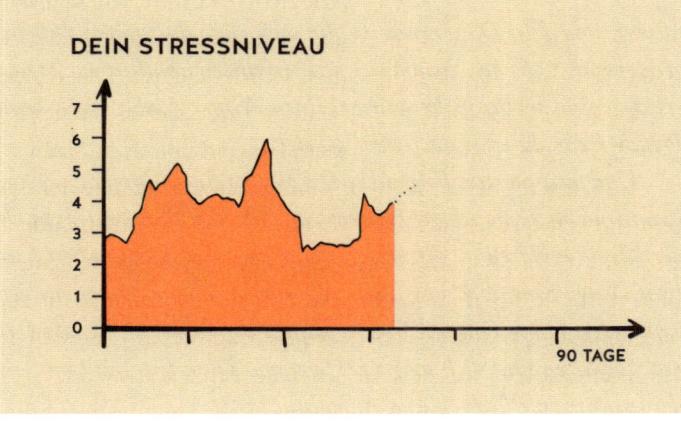

Trage in deinem Journal einfach einmal für 90 Tage jeden Abend einen Wert von 1 bis 7 ein, je nachdem wie stressig und belastend der Tag war, wobei die 7 für nahezu unerträglichen Stress steht und die 1 für tiefenentspannt.

Damit du deine Einträge nicht vergisst, kannst du wieder eine Implementation Intention formulieren. Dafür platzierst du dein Journal und einen Stift dauerhaft im Badezimmer und dann sagst du dir: »Jeden Abend, sofort nachdem dem Zähneputzen, trage ich meinen Stresswert für den Tag in das Diagramm ein.« Schon nach einigen Wochen hast du dann ein gutes Bild davon, wie hoch dein Stresslevel in der Regel ist, ohne dass dieser Wert von den guten Tagen verfälscht wird. Diese Einschätzung kann dir Kraft und Motivation geben, um deine Situation zu verändern – damit der Dauerstress endlich aufhört.

MENTALES TRAINING:
DER WEG AUS DEM DAUERSTRESS

Stell dir vor… Du bist voll im Stress.

Das Leben zerrt und zuppelt an dir. Du funktionierst nur noch. Du hast keine Zeit für irgendetwas, das dir wichtig ist. Du merkst, wie dein Dauerstress an dir nagt, wie du immer schneller gereizt bist. Oder wie du immer öfter in diesen apathischen Modus gehst, wo du nichts mehr spürst, keinen Schmerz, aber auch keine Freude mehr. Es ist einfach alles zu viel.

Und jetzt passiert Folgendes: Du wachst eines Morgens auf und kannst nichts mehr sehen. Panisch rufst du den Krankenwagen. In der Klinik erklären sie dir, dass du eine akute Stress-Blindheit hast. Eine lästige Krankheit, die aber nach drei Monaten von allein verschwindet. Ohne Folgen. Ändern kannst du daran nichts, sondern nur abwarten und dich möglichst schonen. Doch was wird nun aus deinen ganzen Pflichten und Aufgaben?

Hier passiert etwas Großartiges: Alles regelt sich irgendwie. Andere springen ein und erledigen, wofür du verantwortlich warst. Sie machen es natürlich nicht so gut wie du, aber fast. Und wenn du ehrlich bist: In manchen Punkten machen sie es sogar besser.

Während du dich erholst und durch die erzwungene innere Einkehr immer mehr zu dir kommst, geht das Leben weiter. Alle Gründe, wegen derer du an deiner Stresssituation festgehalten hast, lösen sich irgendwie in Luft auf. Die Dinge regeln sich auf wundersame Art und Weise. Du merkst, wie gut es ist, Hilfe anzunehmen. Du merkst, dass die Veränderungen, die jetzt passieren, erstaunlich o. k. und auszuhalten sind, obwohl du vorher eine Heidenangst davor hattest. Du merkst, dass der Besitz, den du jetzt verlierst, gar nicht so wichtig war.

Du hättest vorher nie geglaubt, dass ohne dich alles so gut funktionieren würde. Natürlich pikst das ein bisschen, aber es nimmt dir auch eine enorme Last von den Schultern. Alles regelt sich auf eine Art und Weise, die gut für dich ist. Du weißt, die Welt wird eine andere sein, wenn du wieder gesund bist.

FORMULIERE IMPLEMENTATION INTENTIONS UND ÜBE MENTAL

◇ WENN ich merke, dass ich über mehrere Tage Stress habe, DANN fange ich an, abends ein Stressjournal zu führen.

◇ WENN ich merke, dass ich über mehrere Tage Stress habe, DANN überlege ich mir, ob ich Aufgaben und Pflichten abgeben kann.

◇ WENN ich merke, dass ich über mehrere Tage Stress habe, DANN mache ich mir einen Plan, wie ich mein Energieniveau steigern kann, um besser mit dem Stress umgehen zu können.

WIE DU DEINEM SINN AUF DIE SPUR KOMMST

Wenn Menschen von Erfüllung sprechen, dann meinen sie, dass sie eine Aufgabe haben, die ihr Leben reich, sinnvoll und lebenswert macht. Und das ist wohl eine der schönsten und befriedigendsten Sachen, die wir uns wünschen können.

Wie aber findest du so eine Aufgabe für dich? Im Kapitel über das 3. Prinzip (ab. Seite 30), Finde deine Aufgabe, stehen ja schon eine Reihe von Fragen, mit denen du herausfindest, welche Tätigkeit deinem Leben Sinn verleihen kann. Hier sind noch ein paar Techniken, wie du dich an diese Aufgabe herantastest.

TECHNIK: AUFGABEN FINDEN, BEI DENEN DU DEINE STÄRKEN NUTZT

Du kannst einige Dinge von Natur aus gut und andere nicht so. Manche Menschen haben ein Gefühl für Musik oder für Zahlen. Andere für Sprache. Und noch andere haben ein gutes Körpergefühl oder können sich besonders gut in andere Menschen einfühlen. Solch eine Fähigkeit nennen wir Begabung oder Talent.

Die meisten Fähigkeiten lassen sich aber auch ohne Talent stark verbessern, nämlich durch Training. So können wir auch in Bereichen, die uns von Natur aus nicht unbedingt so liegen, eine große Stärke entwickeln.

Für diese Technik behandeln wir Begabungen und antrainierte Stärken gleich. Es kommt nur darauf an, ob dir eine Sache jetzt leichtfällt und du versiert und fähig in diesem Bereich bist.

Ausgehend von deinen Stärken kannst du nämlich gut deine Aufgabe für deine jetzige Lebensphase entwickeln. Denn es ist ja logisch: Wenn du etwas gut kannst, kannst du damit auch anderen besser helfen. Und eine Tätigkeit macht auch mehr Spaß, wenn sie dir leicht von der Hand geht. Frage dich also: »Welche sinnstiftende Aufgabe würde sich natürlich aus meinem Stärken ergeben?«

Wenn du diese Frage beantworten willst, musst du natürlich erst einmal wissen, was deine Stärken sind. Und eine Stärke ist nur dann eine Stärke, wenn du etwas besser kannst als andere. Menschen motivieren zu können ist eine Stärke, weil das nicht alle können. Besonders kreativ zu sein ist auch eine Stärke, weil nicht jeder einfach und gerne gute Ideen produziert.

Eine Stärke ist nur dann eine Stärke, wenn diese Fähigkeit nützlich für dich oder andere ist.

Vielleicht weißt du über deine Stärken durch die Rückmeldung anderer oder durch Selbstbeobachtung schon Bescheid. Falls nicht, kannst du folgendermaßen vorgehen, um sie zu ergründen:

Und jetzt bist du dran ...

Schritt 1
Mache dazu eine Liste mit all den Situationen, wo du etwas geleistet hast. Wo du einen Sieg errungen hast. Dein Schulabschluss. Deine bestandene Ausbildung. Dass du deinen Partner erobert hast. Dass du ein Event organisiert hast. Schaue auf die positiven Ergebnisse und Erfolge, die du aus eigener Kraft erzielt hast, und schreibe sie alle auf.

Schritt 2
Und dann gehe im zweiten Schritt jeden deiner Siege durch und frage dich: »Welche meiner Stärken hat mir dabei geholfen, hier Erfolg zu haben? Was ist mir leichter gefallen als vielen anderen?« Nutze als Anhaltspunkt die folgende Liste mit Stärken:

- Habe immer sehr gute Ideen
- Kann mich sehr gut in andere reinversetzen
- Kann toll Projekte und die beteiligten Menschen organisieren
- Bin richtig gut darin, Musik zu machen
- Arbeite gut mit anderen zusammen
- Bin handwerklich sehr gut
- Kann gut andere trösten und Mut machen
- Kann mich selbst richtig gut organisieren
- Kann Menschen richtig gut für etwas begeistern
- Ich kann die Interessen anderer gut vertreten
- Bin gut darin, andere zu überzeugen und Mehrheiten zu bilden
- Kann anderen eine Idee oder ein Produkt sehr gut verkaufen
- Kann ... (Handwerk, Technik, Sport) gut
- Kenne mich im Fachgebiet ... richtig gut aus
- Bin gut darin, zwischen Menschen zu vermitteln
- Bin gut darin, Dinge analytisch zu durchdenken und zu nützlichen Schlussfolgerungen zu kommen
- Ich habe ein ausgezeichnetes Sprachgefühl
- Kann sehr gut schreiben
- Kann andere richtig gut unterhalten
- Kann mir Dinge sehr gut selbst beibringen
- Ich bin mutig und furchtlos und traue mich Dinge, die andere sich nicht trauen
- Kann Dinge sehr gut erklären
- Kann andere sehr gut anleiten und führen
- Habe ein sehr gutes technisches Verständnis
- Bin sehr gut mit Zahlen
- Bin exzellent darin, Ordnung zu schaffen und zu halten
- Habe ein gutes Körpergefühl, bin gut in Sport
- Ich kann gut die Verbindung zu anderen Menschen halten und Netzwerke bauen
- Habe gute Hand-Auge-Koordination
- Habe ein sehr gutes Gefühl für Gestaltung, Farben und Formen
- Kann mich sehr gut orientieren
- Ich kann mich gut um andere kümmern, ohne selbst auszubrennen
- Ich bin sehr gut darin, Dinge langfristig durchzuhalten und Projekte wirklich zum Abschluss zu bringen.

Stolperfallen: Blinde Flecken und Selbstüberschätzung

Die eigenen Stärken herauszufinden ist tatsächlich gar nicht so einfach. Häufig sehen wir sie gar nicht, weil sie uns so selbstverständlich erscheinen und wir denken, es wäre doch normal, dies oder jenes gut zu können.

Hier ist deine Ungeduld dann ein wichtiger Hinweis: Wann bist du ungeduldig mit anderen Menschen? Wann regst du dich darüber auf, dass andere etwas nicht so gut können oder zu langsam sind? Es kann sein, dass deine Ungeduld in solchen Situationen daher rührt, dass du in dieser Sache besonders gut bist und unbewusst von anderen erwartest, sie müssten dies oder jenes doch ebenfalls so gut können wie du. Nutze also deine Ungeduld mit anderen Menschen, um deine Stärken zu ergründen.

Manchmal ist es mit unseren Stärken auch umgekehrt. Wir schreiben uns selbst Stärken zu, die wir gerne hätten, aber gar nicht haben. Du hast es bestimmt schon bei anderen beobachtet, dass sie sich in einem Bereich komplett selbst überschätzen. Das kann dir leider auch passieren.

Ein Ausweg ist hier, dass du Freunde und Bekannte fragst, ob sie deine eigene Einschätzung hinsichtlich deiner Stärken teilen. Deine Freunde müssen natürlich ehrlich sein und du darfst auch nicht sauer sein, wenn sie dein Selbstbild nicht bestätigen, schließlich geht es hier ja um ehrliche Selbsterkenntnis. Es ist immer gut, wenn wir uns Rückmeldung von Dritten über unsere Stärken holen, eben weil wir blinde Flecken haben und uns manchmal selbst über- oder unterschätzen. Allerdings kann es hier eine Enttäuschung geben: Wenn wir andere fragen, was wir

Die eigenen Stärken zu kennen und zu nutzen ist eine Superkraft.

gut können, haben sie möglicherweise darauf keine Antwort. Oft liegt das einfach daran, dass diese Menschen bisher nicht darauf geachtet haben und unsere Stärken daher nicht einschätzen können. Oder sie haben uns bis jetzt nur in einem bestimmten

Bereich erlebt und kennen unsere Stärken, die sich vielleicht in einem anderen Bereich befinden, deshalb nicht.

Wenn Menschen zu deinen Stärken nichts sagen können, bedeutet das also nicht, dass du keine hast, sondern nur, dass sie deine Stärken nicht kennen.

Schritt 3

Auf Seite 33 stehen ja eine Reihe von Fragen, mit denen du deine Aufgabe finden kannst. Nimm jetzt eine deiner Stärken und gehe damit all die Fragen durch. Suche nach einer Verbindung der Frage zu deiner jeweiligen Stärke. Aus der Frage »Für wen möchte ich da sein?« wird dann: »Für wen möchte ich da sein, indem ich meine Stärke ›gut mit Zahlen umgehen‹ nutze?«

Deine Antwort könnte lauten: »Ich gebe Nachhilfe in Mathe.« Oder »Ich arbeite ehrenamtlich bei der Schuldnerberatung.« Oder »Ich helfe kleinen Unternehmen, ihre Buchhaltung besser zu organisieren.« So kannst du mithilfe deiner Stärken eine Aufgabe finden.

TECHNIK: FINDE AUFGABEN, BEI DENEN DU DEINE VORLIEBEN NUTZT

Die nächste Technik verläuft nach einem ähnlichen Prinzip wie die vorangegangene, nur dass du eine mögliche Aufgabe diesmal mithilfe deiner Vorlieben suchst. Diese Kombination kann besonders ergiebig sein, weil wir, wenn wir unsere Vorlieben leben können, meist sehr motiviert und engagiert sind.

Und jetzt bist du dran ...

Schritt 1

Denke dafür an alle Dinge, die du wirklich magst. Dinge, die du sehr genießt. Dinge, die dich glücklich machen. Und dann mache eine lange Liste mit diesen Dingen. Zum Beispiel:

◇ Ich mag es, im Garten in der Hängematte zu liegen.
◇ Ich mag lange Waldspaziergänge.
◇ Ich mag Rote Beten.
◇ Ich mag Radtouren.
◇ Ich mag guten Whisky.
◇ Ich mag Torten und auch, sie zu backen.
◇ Ich mag Bergwanderungen.
◇ Ich mag es, im Sommer ins Freibad zu gehen.

Schritt 2

Nun suche in deinen Vorlieben die Oberbegriffe, die sie miteinander verbinden. Im obigen Beispiel kannst du zwei Muster erkennen: Ersten Dinge in der Natur tun (Hängematte, Berge, Wald, Radtouren). Zweitens Dinge, die mit Essen und Trinken zu tun haben (Torten, Whisky, Rote Beten).

Schritt 3

Nimm jetzt die Fragen auf Seite 33 und gehe sie für jeden deiner gefundenen Oberbegriffe wie folgt durch: »Welches Ziel im Bereich Natur würde ich gerne angehen?« oder: »Welches Problem im Bereich Essen und Trinken müsste mal gelöst werden?« Ausgehend von der Kombination der Fragen mit deinen Vorlieben kannst du mögliche Aufgaben für dich entdecken. Für das Beispiel oben wäre das vielleicht die Aufgabe, eine größere Fernwanderung zu planen oder für deine Freunde einen Tortenback-Kurs zu veranstalten. Aufgaben über deine Vorlieben zu entdecken ist einfach und wirkungsvoll.

TECHNIK: FINDE AUFGABEN, DIE ZU DEINEN WERTEN PASSEN

Ab Seite 82 hast du ja eine Anleitung kennengelernt, wie du deine wichtigsten Werte findest und formulierst. Das Wissen über deine Werte brauchst du jetzt, denn auch aus deinen Werten kannst du weitere Aufgaben ableiten, die für dich sinnvoll und wichtig sind. Wie du das machst, darum geht es jetzt.

Nimm einen oder mehrere deiner Werte und gehe die Fragen zum Finden einer Aufgabe auf Seite 33 durch. Passe also die Fragen an deine Werte an. Das klingt dann in etwa so: »Welches Thema verdient mehr Beachtung, das etwas mit meinem Wert ›Miteinander‹ zu tun hat?« oder: »Was liebe ich zu tun, das etwas mit meinen Werten ›Liebe‹ und ›Ordnung‹ zu tun hat?

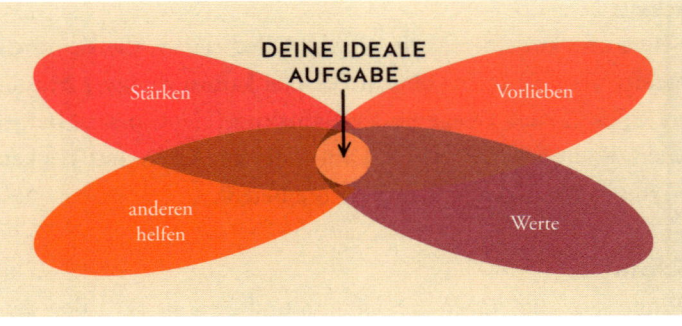

Besonders gut funktioniert diese Technik, wenn du deine Werte kombinierst und dann eine Aufgabe aus der Kombination entwickelst. Diese Herangehensweise zählt zu den klassischen Kreativtechniken, du kommst mit ihrer Hilfe auch auf Ideen, die nicht ganz so offensichtlich sind. Wenn du zum Beispiel die Werte »Miteinander« und »Bewegung« nimmst, könnte das zu der Aufgabe »Eine Laufgruppe organisieren« führen. Oder nimm die Werte: »Gerechtigkeit« und »Kreativität«. Daraus könnte eine Kampagne für mehr soziale Gerechtigkeit werden.

MENTALES TRAINING:
WIE ICH MEINE AUFGABE LEBE

Stell dir vor… du bist froh.

Du bist dankbar. Dafür, dass du deine Aufgabe im Leben gefunden hast. Vielleicht ist es eine kleine Aufgabe, vielleicht etwas Größeres, das spielt keine Rolle, Hauptsache eine Aufgabe, denn du weißt, wie wichtig es ist, etwas zu haben, das dir Sinn, Freude und einen Platz in dieser Phase deines Lebens gibt. Etwas, das dein Leben und deinen Alltag jeden Tag auf die beste Weise erfüllt und mit Glück auflädt.

Du merkst jeden Tag, wie diese Aufgabe sich auf wunderbarste Weise mit deinem Leben verwoben hat. Wie dir diese Aufgabe eine Richtung und einen Fokus gibt. Wie du oft über deine Aufgabe nachdenkst. Wie du überlegst, wie du diese Sache noch stärken und ausbauen kannst. Wie du noch mehr Freude und Befriedigung aus ihr ziehen kannst. Weil eine Aufgabe ja genau das mit uns macht: Sie gibt uns Klarheit und eine Richtung. Durch deine Aufgabe bekommst du das Gefühl, deinen Platz im Leben gefunden zu haben. Und das fühlt sich ganz wunderbar an.

Es tut einfach gut, vom Leben gebraucht zu werden und etwas zu haben, wo deine Liebe und dein Einsatz einen wirklichen Unterschied in der Welt ausmachen. Wo du durch dein Denken und dein Tun etwas ins Leben bringen, wo du eine gute Sache stärken oder etwas beschützen kannst.

Deswegen bist du froh, eine Aufgabe zu haben. Und du sagst Danke. Stellst dir das vor und versuche, deine Dankbarkeit auch körperlich zu spüren, um diese Sache in dein Leben einzuladen, um sie immer mehr zu stärken und darin zu verankern.

FORMULIERE IMPLEMENTATION INTENTIONS UND ÜBE MENTAL

◇ WENN ich merke, dass ich mich traurig oder leer fühle, DANN mache ich mich auf die Suche nach einer Aufgabe, die meinem Leben eine Richtung und einen Sinn gibt.

◇ WENN ich bemerke, dass ich zu viel Fernsehen, Internet oder Computerspiele konsumiere, DANN erinnere ich mich daran, dass wir Menschen eine Aufgabe brauchen, um glücklich zu sein.

◇ WENN ich anfange, zu sehr zu grübeln oder zu hadern, DANN wende ich die Techniken aus diesem Buch an, um eine Aufgabe für die nächste Zeit für mich zu finden.

WIE DU DEINEN BLICK AUF DIE WELT OBJEKTIVIERST

Wir halten die Welt oft für schlechter, als sie ist. Weil schlechte Nachrichten sich besser verkaufen als gute. Weil sie über die sozialen Netze häufiger geteilt werden. Und weil wir schlechten Nachrichten in unserem Bewusstsein einen höheren Stellenwert einräumen. Das führt dazu, dass wir häufig das Gefühl haben, die Welt sei ein durch und durch grausamer, fieser und un-

Um verlässlich durchzudrehen, musst du nur jeden Tag zwei bis drei Stunden Nachrichten schauen.

gerechter Ort. Wenn du nicht durchdrehen willst, musst du dem bewusst etwas entgegensetzen und Prinzip 4 (ab Seite 35) beherzigen: Sieh die Welt so, wie sie ist. Wer sich gezielt auf die Suche macht, der entdeckt überall Liebe, Mitgefühl und Hilfsbereitschaft.

Die Welt ist nicht nur schlecht und auch nicht nur gut. Sie ist beides. Sie ist alles. Nur dass das Schlechte auf der Welt ein besseres Marketing hat und deshalb sichtbarer ist. Es ist daher deine Aufgabe, deinen Blick zu korrigieren und anders auszurichten. Damit du keinen Weltschmerz bekommst.

TECHNIK: NACHRICHTENGEWOHNHEIT

Wenn wir eine schlechte Nachricht hören, reagieren wir für gewöhnlich ganz automatisch auf eine bestimmte Weise darauf. Wir denken dann so etwas wie: »Oh, wie schlimm. Ach, die Welt ist so ungerecht. Die Reichen werden immer reicher und die Armen immer ärmer. Und die Politiker machen doch auch nur noch, was sie wollen.«

Mit dieser Technik hier kannst du deine automatische Reaktion auf schlechte Nachrichten umtrainieren. Damit du entspannter, gelassener und auch realistischer auf schlechte Nachrichten reagierst.

Entspannt auf eine Nachricht reagieren

Wenn du das nächste Mal eine schlechte Nachricht hörst, kannst du, statt dich aufzuregen, das Folgende zu dir selbst sagen: »Wir werden hauptsächlich mit schlechten Nachrichten bombardiert und kaum mit guten. Was ich hier höre, ist wahrscheinlich unvollständig. Ich kenne nicht die ganze Wahrheit. Es gibt auch keinen Grund, mich damit zu beschäftigen, solange diese Sache nicht in meinem direkten Einflussbereich liegt. Ich kümmere mich lieber um das, was ich beeinflussen kann. Wenn die Welt besser und gerechter werden soll, kann ich nur in meinem direkten Einflussbereich etwas dazu beitragen. Diese Nachricht hat also keine Bedeutung für mich.« Und die dazu passende Implementation Intention lautet: »WENN ich eine negative Nachricht höre, DANN sage ich mir: Wenn ich Gutes und Gerechtigkeit will, kümmere ich mich hier und heute um das, was *ich* beeinflussen kann.«

Die allermeisten Nachrichten handeln von Dingen, auf die wir keinen Einfluss haben. Das macht uns unzufrieden und bewirkt, dass wir uns ohnmächtig fühlen.

Formuliere diese Absichtserklärung ruhig für eine Weile jeden Tag ein paar Mal und stell dir vor, wie du, wenn du eine schlechte Nachricht hörst, so reagierst, wie du es in der Absichtserklärung formuliert hast. So übst du, entspannter und gelassener mit schlechten Nachrichten umzugehen. Gleichzeitig sind Nachrichten so eine Erinnerung für dich, das 1. Prinzip zu beherzigen.

TECHNIK: MEDIENDIÄT

Die herkömmlichen und auch die sozialen Medien sind sehr damit beschäftigt, dich mit negativen Nachrichten zu überhäufen. Eine einfache Methode, um dich davor zu schützen, ist, dir eine Mediendiät zu verordnen. Schränke also ein, wie viel und wie oft du schlechten Nachrichten die Chance gibst, zu dir durchzudringen. Hier einige Möglichkeiten, um das zu tun:

◇ Schau nur noch einmal pro Tag die Tagesschau. Sonst keinerlei Nachrichtensendungen.

◇ Abonniere eine Wochenzeitung wie *Die Zeit* oder den *Spiegel* und lies diese statt einer Tageszeitung oder Meldungen im Internet. Denn Wochenzeitungen lassen die ganzen kleinen schlechten Nachrichten aus, die für dein Leben keinerlei Bedeutung haben.

◇ Entfreunde dich in deinen sozialen Netzwerken von allen Menschen oder Organisationen, die dich als »Freundschaftsdienst« regelmäßig mit negativen Botschaften und News versorgen.

◇ Melde dich komplett von den sozialen Medien ab und halte lieber per SMS, Chat, Skype, Telefon oder Facetime Kontakt zu deinen Freunden.

◇ Lies gar keine Zeitungen, soziale Medien und auch keine Nachrichtenseiten im Internet mehr.

Diese Dinge kannst du mal für 7, 15 oder 30 Tage versuchen, um zu testen, welche Auswirkung das auf dich hat.

Mein Tipp: Manche von uns befürchten, etwas zu verpassen und wichtige Dinge nicht mitzubekommen, wenn sie eine Mediendiät machen. Manche sind auch ängstlich, dass sie dann nichts mehr haben, worüber sie sich mit Freunden und Kollegen unterhalten können. Beide Probleme lassen sich mit einem Schlag lösen: Wenn du Freunde oder Bekannte triffst, sagst du einfach: »Ich mache gerade ein Experiment und lese und höre für eine Weile keine Nachrichten. Deswegen bin ich nicht auf dem neuesten Stand. Also ... was passiert gerade Wichtiges in der Welt, das ich als aufgeklärter Bürger wissen sollte?« So erfährst du immer, was wirklich erfahrenswert ist, und du hast außerdem auch immer ein Gesprächsthema mit anderen Menschen.

TECHNIK: BOTSCHAFTER GUTER NACHRICHTEN

Die schlechten und die guten Nachrichten auf der Welt kämpfen nicht mit den gleichen Mitteln. Denn hinter den schlechten steht eine ganze Industrie, die damit Geld verdient. Die guten Nachrichten hingegen sind auf Freiwilligenarbeit angewiesen, auf Menschen, die sie von sich aus bewusst weitertragen – wohlwissend, dass gute Nachrichten Hoffnung und Optimismus verbreiten. Und das sind ja Gefühle, die wir alle mehr brauchen.

Deswegen empfehle ich dir hier als Technik, dich selbst zum Botschafter guter Nachrichten zu erklären. Sammle gute Nachrichten, wo immer du sie finden kannst. Schreibe sie dir vielleicht sogar auf, sodass du eine Liste bei dir hast, die du regelmäßig noch erweitern kannst. Gute Nachrichten können sein:

◇ Positive Entwicklungen auf der Welt
◇ Geschichten über Menschen, die ein Problem gelöst haben
◇ Geschichten über Mitgefühl, Miteinander und Solidarität
◇ Geschichten über Menschen, die ihre Aufgabe oder ihren Platz im Leben gefunden haben
◇ Geschichten über Menschen, die etwas Gutes getan haben
◇ Geschichten über Organisationen, die Gutes tun
◇ Geschichten über Menschen, die Geld spenden oder positive Entwicklungen fördern

Mache es dir zur Aufgabe, gute und positive Nachrichten zu sammeln und zu verbreiten. Du musst natürlich eine Art und Weise finden, die andere Menschen annehmen können, ohne genervt zu sein. Denn die meisten sind noch nicht daran gewöhnt, gute Nachrichten zu hören. Eine empfehlenswerte Art, über gute Dinge zu reden, ist, sie in eine Geschichte zu verpacken:

◇ Erzähle zuerst kurz von dem Problem, dem Hindernis oder dem Widerstand, den es zu überwinden galt. Damit hast du die Aufmerksamkeit deiner Zuhörer.

◇ Erzähle dann, wie das Problem gelöst wurde. Und zwar ausführlicher als über das Problem selbst. So bekommt das Gute, die Lösung, die positive Nachricht ein größeres Gewicht als das Problem am Anfang.

Ein Beispiel: »Ben, der 14-jährige Sohn von einem Freund, ist in der Schule irgendwie in die falschen Kreise hineingeraten und wurde beim Klauen erwischt (Problem). Sein Vater hat ihn dann mit viel Druck dazu verdonnert, bei einem Projekt mitzumachen, wo Jugendliche gemeinsam ein Tiny-House bauen (Lösung). Der Leiter des Projekts sagt, dass Ben da richtig ein bisschen die Führung übernommen hat, und er ist so begeistert von der Sache, dass er nach der Schule eine Lehre als Zimmermann oder Tischler machen will, um in Zukunft selbst Tiny-Houses zu bauen. Das Kind sieht jetzt eine Zukunft vor sich. Großartig!«

VERBREITE GUTE NACHRICHTEN

Werde zum Botschafter guter und inspirierender Geschichten und Nachrichten. Das gibt dir selbst und anderen Hoffnung. Und es trägt dazu bei, dass weniger Menschen durchdrehen.

TECHNIK: WERDE EINE GUTE GESCHICHTE

Tatsächlich macht es glücklich, Gutes zu tun und anderen zu helfen. Gutes zu tun ist eine richtige Win-Win-Geschichte. Du bekommst das erfüllende Gefühl, dass du eine Aufgabe hast (siehe 3. Prinzip) und du machst die Welt ein bisschen besser. Wobei du hier natürlich immer aufpassen musst, dass du auch wirklich Gutes tust. Denn nicht selten führen gute Absichten dazu, dass sich Zustände verschlechtern. So wie bei Helikoptereltern, die sich in dem Versuch, ihre Kinder zu beschützen und optimal zu versorgen zu sehr um ihre Kinder kümmern. Mit dem Ergebnis, dass die Kinder unselbstständig werden und nie lernen, Schwierigkeiten zu bewältigen. Oder umgekehrt: Wenn Eltern ihren Kindern alles erlauben, um ihnen so viel Freiraum wie möglich zu geben und die Kinder dadurch zu orientierungslosen Erwachsenen erziehen.

Sei also sehr wachsam, dass du nicht nur gute Absichten hast, sondern dass deine Mittel und Wege, Gutes zu tun, auch wirklich zielführend sind. Und sei auch wachsam, dass du nicht nur Gutes tun willst, um dich moralisch über andere zu erheben. Wenn die Idee, Gutes zu tun, dich inspiriert, dann stelle dir doch einmal die folgenden Fragen:

◇ Wo sehe ich ein Problem, zu dessen Lösung ich etwas beitragen könnte?
◇ Wo könnte ich mitmachen, um anderen wirklich zu helfen?
◇ Mit welchen meiner Vorlieben und Stärken könnte ich die Welt ein klein wenig besser machen?
◇ Was brauchten die Menschen um mich herum, das ich irgendwie organisieren könnte?

Mit diesen Fragen findest du Möglichkeiten, wie du selbst zu einer guten Geschichte werden kannst. Zu einer Geschichte, die andere irgendwann erzählen. Oder über die sogar in der Zeitung berichtet wird.

MENTALES TRAINING:
DAS GUTE IN DER WELT

Stell dir vor ... du stehst morgens auf und hast dieses Gefühl. Dieses Gefühl, dass alles auf der Welt miteinander verbunden ist. Dieses Gefühl, dass die Welt eine eigene Logik hat. Dass alles auf der Welt zwei Seiten hat.

Du weißt, dass die Welt nicht immer nur schön ist. Du weißt, dass viele Menschen auf der Welt leiden. Du weißt, dass in allen Menschen auch Ärger, Neid und Stolz wohnen. Weil wir Menschen eben nicht perfekt sind. Weil wir alle unsere Dämonen haben. Und dass deswegen schlimme und grausame Dinge passieren. Du denkst an die Schattenseiten der Welt und spürst einen Hauch von Traurigkeit und Mitgefühl.

Du weißt aber auch, dass Menschen es genießen, wenn sie zusammen etwas auf die Beine stellen. Wenn sie sich gegenseitig helfen können. Es gibt so viel Miteinander und Solidarität auf der Welt, weil Menschen wissen, dass sie gemeinsam mehr erreichen können. Und du denkst an diese schönen und guten Seiten der Welt und fühlst Freude, dass du auf diesem Planeten lebst.

Du weißt, dass alles zwei Seiten hat; dass das Helle nur sichtbar werden kann, wenn es das Dunkle gibt. Dass Stärke nur entstehen kann, wenn es Schwäche gibt. Dass Klugheit nur sichtbar wird, wo das Dumme regiert hat. Dass das Gute sich nur in Abgrenzung zum Bösen entfalten kann. Dass die Welt zwei Gesichter hat. Es gibt Mitgefühl und Gleichgültigkeit. Es gibt Liebe und Hass. Es gibt Grausamkeit und Güte. Es gibt Einsamkeit und Miteinander. All das existiert nebeneinander.

Du erlaubst dir, die Welt zu sehen, wie sie ist, in all ihren Spiel-arten. Denn so ist nun einmal die menschliche Natur, grausam und liebevoll zugleich.

Je mehr du das siehst und akzeptierst, desto mehr kannst du dei-nen Frieden damit machen und deine Kraft darauf konzentrieren, das Gute auf der Welt zu stärken.

Du nimmst einen tiefen Atemzug und gehst mit dem Gefühl in den Tag, dass alles so ist, wie es ist.

FORMULIERE IMPLEMENTATION INTENTIONS UND ÜBE MENTAL

◇ WENN ich eine schlechte Nachricht höre, DANN sage ich mir: »Es gibt Gutes und Schlechtes auf der Welt. Das Schlechte ist nur präsenter, weil es häufi-ger weitererzählt wird als das Gute. Aber das Gute ist genauso stark wie das Schlechte.«

◇ WENN mir jemand von etwas Schlechtem erzählt, DANN sage ich mir: »Das ist wahrscheinlich nur eine Seite der Geschichte. Wahrscheinlich ist die ganze Geschichte viel komplizierter.«

◇ WENN ich einen Missstand sehe, DANN überlege ich mir, ob ich es mir zur Aufgabe machen kann, diesen Missstand zu beheben.

◇ WENN ich morgens aufgestanden bin, DANN sage ich zu mir: »Ich sammle heute Geschichten von Wachstum, von guten Dingen und guten Taten.

WIE DU LERNST, DEIN LEBEN JEDEN TAG ZU LIEBEN

In jedem Leben gibt es Dinge, die fehlen oder die wir uns anders wünschen, und ebenso Dinge, für die wir dankbar sind. Je mehr wir auf diese guten Aspekte schauen, desto besser geht es uns.

Das heißt nicht, dass du alles, was nicht so ist, wie du es dir wünschst, ignorieren sollst. Wenn du es ändern kannst und willst, dann beschäftige dich natürlich damit und entwickele einen Plan, was du dagegen tun kannst. Aber wenn das nicht der Fall ist, dann lenke deinen Fokus lieber woanders hin. Schaue dann lieber auf das, wofür du dankbar bist, auf das Gute in deinem Leben (s. das 5. Prinzip ab S. 43). Das ist nämlich etwas, was du direkt beeinflussen kannst.

Du kannst beeinflussen, mit welchen Dingen du dich bewusst beschäftigst und du kannst dich entscheiden, öfter auf die guten Dinge in deinem Leben zu schauen.

Zwar hast du keine Kontrolle über die automatischen Gedanken, die einfach so in deinem Kopf aufploppen, aber du hast Kontrolle, wie du auf diese Gedanken reagierst. Und wenn du bemerkst, dass du gerade über etwas nachdenkst, was dir fehlt, dann kannst du zu dir selbst sagen: »Ja, das stimmt. Das fehlt mir. Da geht es anderen besser. Aber dafür gibt es zum Glück A, B, C, D, E in meinem Leben. In diesen Bereichen geht es mir besser als vielen anderen.« Es gibt so vieles, für das du dankbar sein kannst.

Mit den folgenden Techniken kannst du dein Dankbarkeitspotenzial in allen möglichen Bereichen erforschen, sodass du dann voll aus ihrer Kraft schöpfen kannst.

TECHNIK: GRUNDLAGEN-DANKBARKEIT

Du lebst sehr wahrscheinlich in Deutschland, in der Schweiz oder in Österreich. Das sind laut der UNO Länder mit dem Einkommensniveau Stufe 4. Mehr als 4 geht nicht. Nur ein Siebtel der Weltbevölkerung steht auf dieser höchsten Stufe, also nur 15 Prozent aller Menschen. Das bedeutet, dass es bei uns in der westlichen Welt auf materieller Ebene jeder Sozialhilfeempfänger besser hat als 85 Prozent der restlichen Weltbevölkerung.

Dich auf die grundlegenden Dinge zu konzentrieren, für die du dankbar sein kannst, macht glücklich. Zum Beispiel: »Ich bin dankbar dafür, dass ich lebe, dass ich atme, dass ich den heutigen Tag erleben darf.«

In deinem Land herrscht Frieden. Die Straßen sind sicher. Du darfst frei sagen, was du denkst. Du leidest keinen Hunger. Du hast Zugang zu sauberem Wasser. Jeder Mensch hat Anspruch auf eine Krankenversicherung. Du hast ein Dach über dem Kopf. Schule und Bildung sind kostenlos. Du wirst wegen deiner Herkunft oder deiner Religion nicht verfolgt. Du hast ein Handy. Du hast Zugang zum Internet. Es gibt öffentlichen Nahverkehr oder du hast zumindest ein Fahrrad. Oder sogar ein Auto ... All das sind für unglaublich viele andere Menschen auf der Welt keine Selbstverständlichkeiten.

Doch natürlich kannst du bei jedem dieser Punkte »Aber ...« einwenden. Aber die Schulen werden immer schlechter. Aber die Krankenversicherung ist nicht gerecht. Aber mein Internet ist langsam. Aber auch bei uns werden Menschen aufgrund ihrer Hautfarbe diskriminiert.

Das alles stimmt. Dennoch sind die materiellen Grundlagen deines Lebens etwas, wofür du dankbar sein kannst. Und es ist gut, dich manchmal daran zu erinnern, um die Dinge ins rechte Licht zu rücken. Wir alle sind enorm privilegiert, allein dadurch, dass wir hier leben dürfen.

ICH BIN DANKBAR,
WEIL ...

Es herrscht Frieden.

Ich werde jeden Tag satt.

Wir haben sauberes Wasser

und Anspruch auf Krankenversorgung.

Ich habe ein Dach über dem Kopf.

Schule und Ausbildung sind kostenlos.

Niemand verfolgt mich wegen meiner Überzeugungen
oder wegen meines Glaubens.

Ich kann problemlos kommunizieren.

Ich habe Internet.

Ich habe ein Auto / ein Fahrrad /
den öffentlichen Nahverkehr.

**VIELES DAVON IST FÜR MILLIARDEN VON
MENSCHEN NICHT SELBSTVERSTÄNDLICH.**

TECHNIK: VERGANGENHEITS-DANKBARKEIT

Bei dieser Technik richtest du den Blick in deine Vergangenheit und schaust auf alles, für das du in der Vergangenheit dankbar sein kannst: »Ich bin dankbar dafür, dass ich in diesem Land geboren wurde.« »Ich bin dankbar, dass ich so einen guten Ausbildungsplatz hatte.« »Ich bin dankbar, dass sich meine Eltern damals so liebevoll um mich gekümmert haben.« »Ich bin dankbar, dass ich meinen Mann getroffen habe …«

Gehe deine Vergangenheit von deiner Geburt bis heute in 10-Jahres-Schritten durch, angefangen bei der Zeit von 0 bis 10 bis heute und stell dir für jedes Jahrzehnt einige Fragen:

- ◇ Was ist in dieser Zeit für mich Gutes passiert?
- ◇ Was durfte ich in dieser Zeit lernen und begreifen?
- ◇ Wer hat mir in dieser Zeit geholfen? Wer war für mich da?
- ◇ Welche Siege und Erfolge habe ich errungen?
- ◇ Welche wichtigen Erfahrungen durfte ich machen?
- ◇ Welche Dinge, die mir wichtig sind, sind in diesem Zeitraum in meinen Besitz gelangt?

Am besten nimmst du dir ein Blatt Papier, unterteilst es in die verschiedenen Jahrzehnte und notierst dann die Punkte aus deiner Vergangenheit darauf, für die du heute dankbar bist. So hast du einen schönen Überblick über das Gute, das bisher in deinem Leben passiert ist. Und immer, wenn es dir mal schlecht geht oder du mit etwas haderst, kannst du dir diesen Zettel hervornehmen und in das eintauchen, was du Gutes erlebt hast bisher.

TECHNIK: ZUKUNFTS-DANKBARKEIT

Für die folgende Technik richtest du deinen Fokus in die Zukunft und überlegst, für welche Möglichkeiten du dankbar sein kannst. Denn deine Zukunft ist ja noch nicht festgeschrieben, sie ist voller Optionen und Gelegenheiten. Und für jede von ihnen kannst du dankbar sein, dass sie, wenn du es willst, auf dich wartet. Denn auch Möglichkeiten im Leben zu haben, ist ein großes Privileg, das wir im Alltag häufig vergessen. Schreibe sie also alle auf. Hier einige Fragen, mit denen du deine Optionen in der Zukunft erkunden kannst:

◇ Welche Reiseziele oder Orte in meiner Umgebung könnte ich besuchen?
◇ Wohin könnte ich umziehen, wenn ich es wirklich wollte?
◇ Welche Aus- und Weiterbildungen könnte ich machen?
◇ Auf welche neuen Erfahrungen könnte ich mich einlassen?
◇ Welche Dinge könnte ich erschaffen, bauen, kreieren?
◇ Welchen Beitrag könnte ich noch in dieser Welt leisten?
◇ Welche Ideen könnte ich noch in die Welt bringen?
◇ Welche Menschen könnte ich kennenlernen?
◇ Wobei könnte ich helfen?
◇ Welche guten Gewohnheiten könnte ich mir zulegen?
◇ Welche Hobbys könnte ich ausprobieren?
◇ Welche Abenteuer könnte ich noch erleben?
◇ Welche Experimente in Sachen Lebensstil könnte ich wagen?
◇ Was könnte ich noch tun, das mir sehr wahrscheinlich einen schönen Glücksmoment verschaffen würde?
◇ Was könnte ich tun, um meine tägliche Zufriedenheit noch einmal zu erhöhen?

Dass du dich in deinem Leben von all diesen Fragen leiten lassen kannst, dafür kannst du sehr dankbar sein. Die meisten Menschen auf der Welt sind in ihren Möglichkeiten viel, viel, viel eingeschränkter als du. Wenn du die Liste deiner Optionen aufgeschrieben hast, schreibe darunter: »Ich bin dankbar, dass meine Zukunft diese Fülle an Möglichkeiten für mich bereithält.«

TECHNIK: INVERSE DANKBARKEIT

Hier musst du um die Ecke denken. Denn in dieser Technik geht es nicht um das, was du hast oder haben könntest, sondern um die vielen Dinge, die du *nicht* hast. Auch dafür kannst du nämlich dankbar sein.

So kannst du auf fundamentaler Ebene dankbar dafür sein, dass du zum Beispiel nicht krank oder nicht arm bist, dass du in keinem Kriegsgebiet wohnst und keinen Hunger leiden musst. Du kannst aber auch viel banaler einfach dankbar dafür sein, dass dein Computer gerade nicht streikt oder dass heute kein blöder Brief vom Finanzamt gekommen ist.

Diese Form der Dankbarkeit reinigt unsere Seele, weil sie uns zeigt, wie gut es uns geht. Also überlege dir bitte alle Dinge, die du unter keinen Umständen in deinem Leben haben möchtest und sage zu dir: »Ich bin dankbar dafür, dass ich das nicht habe.« Helfen können dir dabei die folgenden Fragen:

◇ Was ist meinen Freunden und Bekannten schon Unangenehmes passiert, das mir nicht geschehen ist?
◇ Von welchen schlechten Dingen habe ich gelesen, die mir nicht passiert sind?
◇ Welche Krankheiten habe ich nicht?
◇ Welche Unfälle sind mir erspart geblieben?
◇ Welche Missgeschicke sind mir nicht passiert?
◇ Welchen Ungerechtigkeiten war ich bisher nicht ausgesetzt?

Jedes Mal, wenn du von etwas Schlimmem hörst oder liest, das jemand anderem widerfahren ist, sage dir: »Danke. Danke, dass es mir in diesem Punkt besser geht. Danke, dass ich davon nicht betroffen bin.«

Dieses Denken setzt die vielen kleinen Unannehmlichkeiten des Alltags in ein angemessenes Verhältnis. Sie erscheinen uns dann wieder als das, was sie sind: klein und unbedeutend.

TECHNIK: DANKBARKEIT 2.0

Diese Technik ist die anspruchsvollste von all den hier vorgestellten, aber gleichzeitig auch die mit der größten Heilkraft. Es geht hier darum, dass du auch dankbar dafür sein kannst, wenn dir etwas Blödes, Unangenehmes oder Schmerzhaftes passiert. Denn wenn du in deine Vergangenheit zurückschaust, kannst du in vielen vordergründig schlechten Ereignissen im Nachhinein etwas Gutes entdecken. Hier ein paar Beispiele:

◇ In Spanien wurde uns das Auto geklaut. Aber wenn das nicht passiert wäre, hätte ich nie meinen guten Freund Antonio kennengelernt.
◇ Ich wurde von meiner Frau verlassen. Doch das war gut so, denn nur so konnte ich meine jetzige Frau kennenlernen, die so viel besser für mich ist.
◇ Ich wurde aus meiner Firma gemobbt. Dafür bin ich heute dankbar, denn sonst hätte ich nie die neue Ausbildung begonnen und hätte nun nicht diese berufliche Erfüllung.
◇ Ohne diese Krankheit hätte ich nie zu mir gefunden.
◇ Weil meine Mutter Alkoholprobleme hatte, musste ich früh lernen selbstständig zu sein. Ohne das hätte ich vielleicht nie meine Firma gegründet.

In den meisten unerfreulichen Erfahrungen steckt ein Samenkorn für gute Dinge in kommenden Zeiten. Unangenehme Ereignisse sind oft der Kochtopf, in dem eine bessere Zukunft zubereitet wird. Und selbst aus den schmerzhaftesten Dingen können wir etwas lernen. Das gelingt meist nicht sofort, zuerst müssen wir trauern und den Schmerz verarbeiten. Nach dieser Zeit aber können wir anfangen, eine gewisse Neugier zu entwickeln und uns Fragen zu stellen, die uns das Samenkorn für die guten Dinge in der Zukunft auch in diesen schlimmen oder traurigen Ereignissen finden lassen:

◇ Was habe ich trotz allem aus dieser Sache gelernt?

◇ Welche andere gute Sache wäre ohne das nicht passiert?

◇ Welche Fähigkeit musste ich entwickeln, die mir jetzt nutzt?

◇ Inwiefern bin ich stärker aus der Situation hervorgegangen?

◇ Für welche positiven Folgen dieser Sache kann ich heute dankbar sein?

Nimm dir zum Üben eine Situation von früher, die du damals als negativ und schmerzhaft erlebt hast, und stelle dir dazu die Fragen von oben.

Mein Tipp: Übe regelmäßig, auch in schwierigen Situationen das Positive zu entdecken. Das, wofür du trotz allem dankbar sein kannst. Wenn du das kannst, dann wirst du insgesamt widerstandsfähiger und kommst mit allem in deinem Leben besser klar. Deswegen ist diese Technik so wertvoll.

DAS GUTE IN JEDEM NEGATIVEN ERLEBNIS

die Lernerfahrung

der Schmerz

die negativen Folgen

die positiven Folgen

das Wachstum

TECHNIK: DANKBARKEITS-TAGEBUCH

Mithilfe dieser Technik kannst du ein Ritual aus deiner Dankbarkeit machen: Nimm dir dafür jeden Tag ein paar Minuten Zeit und schreibe alles in einem Tagebuch nieder, wofür du heute dankbar bist. Dabei kannst du durchaus auch kleine Dinge aufschreiben: »Ich bin dankbar dafür, dass ich den warmen Wind auf meiner Haut spüre.« Oder: »Ich bin dankbar dafür, dass ich mich heute Abend mit Freunden treffe.« Oder: »Ich bin dankbar dafür, dass mein Auto so verlässlich ist und fast nie in die Werkstatt muss.«

Manchmal sind uns die vielen Kleinigkeiten, für die wir neben den großen Dingen auch dankbar sein können, gar nicht so präsent. Um dir selbst da ein wenig auf die Sprünge zu helfen, kannst du dir die folgenden Fragen stellen:

◇ Was ist gut und richtig in meinem Leben?
◇ Was war besonders erfreulich an dem heutigen Tag?
◇ Welche Kleinigkeiten machen mein Leben schön?
◇ Welche konkrete Kleinigkeit versüßt mir heute den Tag?
◇ Was würde ich vermissen, wenn es nicht mehr da wäre?
◇ Was habe ich Gutes, was viele andere nicht haben?
◇ Inwiefern bin ich privilegiert?
◇ Was genieße ich?
◇ Worauf freue ich mich?

Gehe diese Fragen durch und schreibe dann auf: »Ich bin dankbar dafür, dass …« Am besten funktioniert diese Technik, wenn du dich selbst für drei bis vier Wochen dazu verpflichtest, dein Dankbarkeits-Tagebuch zu führen, und dich jeden Tag verlässlich daran erinnerst. Auch wenn du mal keine Lust hast, dir im ersten Moment nichts einfällt oder du zu müde bist.

Sage dir selbst: »Ich verspreche mir, 30 Tage lang jeden Tag um 20 Uhr drei Einträge in mein Dankbarkeits-Tagebuch zu schreiben. Ich tue es auch, wenn ich keine Lust habe, mir erst mal nichts einfällt oder ich zu müde bin. Wenn mir etwas dazwischenkommt, mache ich es später. Und ich erinnere mich verlässlich daran, damit ich es nicht vergesse.«

Du hast jeden Tag die Wahl: Schaust du mehr auf das Gute oder schaust du mehr auf das Schlechte in deinem Leben?

Wenn du das 30 Tage lang gemacht hast, ist vielleicht schon eine Gewohnheit daraus geworden, sodass du es dann ganz automatisch machst. So kannst du dir selbst dazu verhelfen, jeden Tag aufs Neue das gute Gefühl der Dankbarkeit in deinem Leben zu spüren.

TECHNIK: DANKBARKEIT BEIM EINSCHLAFEN

Hier ist eine Technik, bei der du sicherstellst, dass du jeden Abend mit guten Gedanken einschläfst.

Die Sache ist ganz einfach: Du gehst ins Bett, legst dich gemütlich hin und dann vergegenwärtigst du dir drei Dinge, für die du dankbar bist. Jeden Abend beim Zubettgehen machst du dir also mindestens drei Dinge klar, die gut und richtig in deinem Leben sind. Das können Kleinigkeiten sein, die am Tag gut gelaufen sind, oder Dinge, die dein Leben ganz allgemein schön und lebenswert machen. Natürlich ist es auch hier wieder wichtig, dass du diese Technik wirklich regelmäßig umsetzt. Dafür kannst du das abendliche Zubettgehen als Anker nutzen. Die folgende Implementation Intention hilft dir dabei:

»WENN ich mich abends in mein Bett gelegt habe, DANN überlege ich mir drei Dinge, für die ich heute dankbar bin.«

Formuliere diese Absicht und spiele die Gewohnheit mental einige Male durch. Eine kleine, einfache Technik, die unglaublich viel bewirken kann.

MEDITATION: DANKBARKEIT

Stell dir vor... du sitzt auf deinem Lieblingsplatz. Und du bist froh. Du bist dankbar. Für alles Gute in deinem Leben.

Ist dein Leben perfekt? Wahrscheinlich nicht. So wie das aller anderen Menschen auch nicht.

Du bist froh, dass du dich entschieden hast, dich mehr auf die guten Dinge in deinem Leben zu fokussieren. Auf die Dinge, für die du dankbar sein kannst.

Es gibt so viele gute Dinge in deinem Leben. So viele Dinge, um die andere dich wahrscheinlich beneiden. Dinge, die du kannst. Stärken, die du hast. Privilegien, die du genießt. Dinge oder auch Menschen, die du sehr vermissen würdest, wenn sie nicht mehr Teil deines Lebens wären.

Natürlich weißt du, dass manches auch nicht so gut läuft und nicht perfekt ist. So wie bei jedem. Das akzeptierst du. Und wo du etwas ändern kannst, da tust du es. Aber du beschäftigst dich bewusst deutlich mehr und intensiver mit den Dingen, die sich für dich gut und richtig anfühlen.

Du tauchst tief in das Gefühl ein. In die Dankbarkeit für das Gute. Du spürst Liebe für all die schönen Dinge in deinem Leben. Ganz allgemein. Aber auch für jeden einzelnen Punkt.

Weil Dankbarkeit ein Weg ist, das Gute zu würdigen und dem Leben zu zeigen, dass es das ist, was du wertschätzt und wovon es in der Zukunft gern auch noch mehr geben darf.

Du bist dir darüber bewusst, dass du gesegnet bist mit vielen guten Dingen, die für die meisten Menschen auf der Welt nicht selbstverständlich sind.

Du bist dankbar.

Du spürst die Dankbarkeit.

Du genießt das Gefühl, dich über deine Dankbarkeit mit den guten Dingen in deinem Leben zu verbinden.

FORMULIERE IMPLEMENTATION INTENTIONS UND ÜBE MENTAL

◇ WENN ich mich über etwas Materielles aufrege, DANN sage ich zu mir: »Mir geht es besser als 85 Prozent der Weltbevölkerung. Ich habe materiell gesehen alles Wichtige, was ich brauche.«

◇ WENN ich mit etwas hadere, DANN sage ich zu mir: »Ich bin dankbar dafür, dass ich lebe, dass ich atme, dass ich den heutigen Tag erleben darf.«

◇ WENN ich mit der Vergangenheit hadere, DANN suche ich nach Dingen in meiner Vergangenheit, für die ich dankbar sein kann.

◇ WENN mir langweilig ist oder ich mich leer fühle, DANN liste ich alle Möglichkeiten auf, die ich in der Zukunft habe, und bin dankbar dafür.

◇ WENN ich von einer schlechten Sache höre, DANN nehme ich mir einen Moment und sage zu mir: »Ich bin dankbar, dass ich davon verschont geblieben bin.«

◇ WENN mir etwas Doofes passiert, DANN sage ich zu mir selbst: »Ich bin neugierig, was ich daraus lernen werde und wie mir das nutzen wird.«

WIE DU DIR DIE WELT AUF EINE GUTE ART ZURECHTBIEGST

Das 6. Prinzip, also die weise Wahl, welche Bedeutungen du den Dingen gibst, macht dein Leben sehr viel einfacher und schöner. Zu begreifen, dass diese Bedeutungen nicht festgeschrieben sind, sondern du sie fast immer ganz frei wählen kannst, hat etwas unglaublich Befreiendes.

Dies regelmäßig zu tun, beschert dir auch mehr Einfluss auf dein Gefühlsleben. Denn indem du die Bedeutungen von Ereignissen für dich veränderst, veränderst du auch deine Gefühle, die damit unmittelbar in Verbindung stehen.

Im Kapitel über das 6. Prinzip (ab Seite 49) hast du ja schon viele Möglichkeiten kennengelernt, wie du die Bedeutungen von Dingen verändern kannst.

Finde immer die Bedeutung in den Ereignissen, die dich stärker und konstruktiver macht.

Etwa, indem du die bestehende Bedeutung eines Ereignisses ergründest und dann eine hilfreichere Bedeutung findest, dadurch, dass du dir eine Reihe von Fragen stellst. Hier findest du eine Technik, mit der du das 6. Prinzip weiter üben und vertiefen kannst.

TECHNIK: BEDEUTUNGSTRAINING

Mit dieser Technik kannst du trainieren, Bedeutungen zu verändern. Du findest hier beispielhaft einige schwierige Alltagssituationen, dazu jeweils eine wenig hilfreiche Bedeutung und danach eine nützlichere. Wenig hilfreich bedeutet in diesem Zusammenhang, dass die Bedeutung dir schlechte Laune macht, dass sie dich frustriert oder deine Handlungsfähigkeit erstickt. Eine nützliche Bedeutung der Situation fördert dagegen deine Gelassenheit und lässt dich aktiv und handlungsfähig bleiben.

Gehe die hier geschilderten Situationen und die dazu passenden Bedeutungen durch und versuche, die Beispiele im Kopf auf typische Situationen deines Lebens zu übertragen. Versuche ferner, dir vorzustellen, wie du diese typischen schwierigen Situationen mit nützlichen Bedeutungen versiehst.

Beispiel für günstige und ungünstige Bedeutungen

Situation: Du hast dir etwas vorgenommen und es nicht geschafft.

Ungünstige Bedeutung: »Es waren ja auch alle gegen mich. Die Sterne standen ungünstig. Es lag nicht an mir. Niemand gibt mir eine Chance. Ich sollte sowas lieber nicht mehr angehen. Ich bin dafür nicht gemacht.«

Günstige Bedeutung: »Da fehlen mir wohl noch Hilfe, Übung oder Wissen. Das war jetzt ein Versuch, Erfolg stellt sich ein, wenn ich so lange scheitere und daraus lerne, bis ich es irgendwann hinbekomme. Aufgeben ist keine Option.«

Situation: Jemand kritisiert dich für dein Verhalten.

Ungünstige Bedeutung: »Was weiß der schon. Was für ein Idiot. Er ist auch nicht perfekt. Er hält sich wohl für etwas Besseres. Von dem lass ich mir gar nichts erzählen.«

Günstige Bedeutung: »Interessante Information. Diesen Hinweis werde ich für mich prüfen, ob da Stoff für meine Selbsterkenntnis oder Verbesserung drinsteckt. Für uns Menschen ist Feedback wichtig, auch wenn es manchmal nicht angemessen vorgetragen wird. Vielleicht kann ich daraus etwas lernen.«

Situation: Du hast einem Freund deine Bohrmaschine geliehen und bekommst sie kaputt zurück.

Ungünstige Bedeutung: »Dieser Vollidiot. Das passiert immer bei ihm. Dem leihe ich nichts mehr. Und reden tue ich auch nicht mehr mit ihm. Der soll erst mal lernen, besser auf fremde Sachen aufzupassen. Dem erteile ich eine Lektion.«

Günstige Bedeutung: »Da muss wohl die Haftpflicht meines Kumpels ran. Das ist ja keine große Nummer. Dinge gehen kaputt. Ist mir auch schon passiert.«

Wenn du Lust hast, erfinde weitere Beispiele, die noch besser auf die schwierigen Situationen in deinem Leben zugeschnitten sind.

Konstruktive Bedeutungen

Abschließend hier noch eine Reihe von konstruktiven Bedeutungen, die gut und ausgleichend für die eigene Seele sind und die du grundsätzlich in deinem inneren Dialog verwenden kannst, wenn du Dingen bewusst eine neue Bedeutung zuweist:

◇ Das ist mir auch schon passiert.

◇ Menschen sind nicht perfekt, ich nicht und die anderen auch nicht.

◇ Morgen ist ein neuer Tag.

◇ Ich kann damit umgehen, ich werde das bewältigen.

◇ Das ist nicht die Wahrheit, sondern nur eine Information, die ich für mich prüfen kann.

◇ Ich muss nicht jeden mögen und auch mich muss nicht jeder mögen.

◇ Wenn ich das übe, werde ich darin besser werden.

◇ Es nützt gar nichts, sich darüber aufzuregen.

◇ Lieber freundlich bleiben, denn wir Menschen begegnen uns immer zweimal.

◇ Der Weg zum Erfolg besteht aus Scheitern, Lernen und Verbesserung.

◇ In einem Jahr werde ich darüber lachen.

◇ Ich kann das lernen.

◇ Alles wird gut.

◇ Er/Sie war nur unachtsam oder unüberlegt und hat es sicher nicht böse gemeint.

◇ Ich werde damit klarkommen, schließlich habe ich schon ganz andere Dinge hinbekommen.

◇ In einem Monat hat das keine Bedeutung mehr für mich.

◇ Solche Dinge passieren, das ist der Lauf der Welt. Ich werde damit klarkommen.

Wiederhole und verinnerliche diese Sätze und mache sie zu einem festen Teil deiner Denk- und Bedeutungsmuster. Das macht dein Leben wesentlich entspannter.

TECHNIK:
NEUE BEDEUTUNG, NEUES GEFÜHL

Dies ist eine weitere Technik, die dir hilft, eine Gefühlslage, eine Stimmung oder eine bestimmte Qualität in deinem Leben nachhaltig verändern, indem du einer Situation eine andere Bedeutung gibst.

Und jetzt bist du dran ...

Schritt 1
Du startest mit einem Gefühl oder einer Stimmung oder einer Qualität, die du gerade in deinem Leben spürst. Etwas, das du gerne ändern möchtest. Benenne diese Sache.
Beispiel: »Ich spüre Druck.« Oder: »Ich bin voller Weltschmerz.« Oder: »Ich muss nur noch funktionieren«.

Schritt 2

Finde die Bedeutungen hinter dieser Sache, die du gerne ändern möchtest.

Beispiel: »Ich muss im Augenblick nur noch funktionieren, weil ich so viele Pflichten gleichzeitig habe. Niemand hilft mir. Ich habe nie Zeit für mich, weil alle an mir zerren.«

Schritt 3

Schau dir die Bedeutungen, die du der Sache gibst, etwas genauer an. Überprüfe, ob diese wirklich hundertprozentig wahr sind oder ob du die Sache verzerrt oder zu einseitig betrachtest. Streng dich hier bitte richtig an, denn es ist nicht einfach, die eigenen Überzeugungen zu verändern. Um sie zu hinterfragen, kannst du dir zu jedem Satz deiner formulierten Bedeutung einige Fragen stellen und diese so ehrlich wie möglich beantworten. Hier findest du die Antworten beispielhaft bezogen auf die Bedeutungen dieses Beispiels:

Ist das immer, überall und für jeden so?

»Nee, am Wochenende ist es besser. Und meine Freundin hat mir bei der Steuer geholfen.«

Gibt es Gegenbeispiele?

»Ja, mein Partner hilft mir schon bei manchen Sachen. Und im Urlaub kann ich mich einfach treiben lassen.«

Gibt es Menschen, die das anders sehen?

»Ja, es gibt Menschen, die keinen so hohen Anspruch an sich haben und nur so wenig machen wie nötig.«

Könnte ich das ändern, wenn mich jemand mit vorgehaltener Waffe dazu zwingen würde?

»Ja, könnte ich, wenn ich ehrlich bin. Ich könnte mein Ehrenamt aufgeben und meine Stunden reduzieren. Und die Kinder könnten auch mehr Aufgaben übernehmen. Das würde andere Schwierigkeiten bringen. Aber es wäre möglich.«

Alles klar?

Manche deiner Bedeutungen werden schwer verhandelbar sein. Die kannst du dir nicht ausreden. Bei anderen Bedeutungen fällt dir dagegen schnell auf, dass sie auf wackeligen Füßen stehen und du die Sache leicht anders betrachten könntest. Indem du deine bestehende Bedeutung infrage stellst, schwächst du in jedem Fall schon ein bisschen das belastende Gefühl.

Schritt 4

Im nächsten Schritt überlegst du dir, wie du dich anstelle dessen gerne fühlen würdest oder welche Qualität du dir stattdessen wünschst. »Fokussierte Gelassenheit und Entspanntheit« statt »Druck«. »Lebendig und das Leben genießend« statt »Ich funktioniere nur noch«. Das ist es schon. Benenne den Zustand, in dem du lieber wärst.

Schritt 5

Jetzt überlegst du dir Folgendes: »Was müsste ein Mensch, der in einer ähnlichen Situation wie ich ist, denken, um sich so zu fühlen, wie ich mich fühlen möchte?« Oder: »Welche Bedeutung müsste ein Mensch dieser Sache geben, um sich so zu fühlen, wie ich mich fühlen will?«

Nehmen wir als Beispiel das Gefühl »fokussierte Gelassenheit« (statt Druck). Welche Bedeutung müsstest du deiner Situation geben, damit du »fokussierte Gelassenheit« spürst? Bediene dich bei der Suche nach guten Bedeutungen auch bei den Beispielen in der Technik »Bedeutungstraining« (auf Seite 50). Mögliche Antworten könnten lauten:

◇ Ja, ich habe einiges zu tun, aber wenn ich auf mich aufpasse, kann ich das alles gut bewältigen.

◇ Ich erledige eins nach dem anderen. Neue Aufgaben und Pflichten müssen sich hinten anstellen.

◇ Ich erledige meine Pflichten Schritt für Schritt, für jeden Schritt nehme ich mir so viel Zeit, wie ich brauche.

◇ Es geht auch nicht schneller, wenn ich mich hetze und mir Druck mache.

◇ Ich werde immer mehr Pflichten und Aufgaben als Zeit haben, deswegen lohnt es nicht, mir Stress zu machen.

◇ Ich mache zwischendurch immer wieder Pausen und entspanne mich, um meine Batterien im Alltag aufzuladen.

Schritt 6

Im letzten Schritt übst du deine neuen Bedeutungen ein. Nimm dir dafür 14 Tage lang jeden Tag ein paar Minuten und verinnerliche deine neuen Bedeutungen. Lies sie wiederholt durch und stelle dir wieder und wieder vor, wie du danach handelst. Mach also ein Mentaltraining dazu (siehe unten).

Mit diesen sechs Schritten kannst du eine unerwünschte Stimmung oder eine Qualität in deinem Leben durch eine bessere ersetzen. Einfach, indem du die Bedeutungen änderst.

MENTALES TRAINING: DIE MÖGLICHKEITEN SEHEN

Stell dir vor…du hast einen ganz normalen Tag.

Du bist im Alltag. Aber du spürst große Nähe zu dir selbst. Du beobachtest dich freundlich und neugierig. Du nimmst deine Gefühle und deine Gedanken wahr. Du nimmst wahr, was du tust.

Immer häufiger schaffst du es im Alltag, die Bedeutungen zu verändern, die du den Dingen gibst. Das lässt dich so viel öfter lächeln und leichter und unbeschwerter durch den Tag gehen. Probleme werden Herausforderungen, die bewältigt werden wollen, sobald es an der Zeit ist. Persönliche Angriffe werden Möglichkeiten, um deine Gelassenheit und Integrität zu trainieren. Missgeschicke verwandeln sich in Dinge, die zu etwas gut sein werden. Unfreundlichkeit wird zu etwas, das wenig mit deiner Person zu tun hat.

Wenn jemand dich ablehnt, erinnerst du dich sofort daran, dass auch du nicht jeden Menschen voll annimmst und magst.

Du suchst in allem, was dir passiert, die Möglichkeiten. Die Möglichkeit zu wachsen, die Möglichkeit, daraus zu lernen. Du weigerst dich immer öfter, den Dingen das Etikett Gut oder Schlecht anzuheften. Du spürst immer häufiger, dass Dinge die Bedeutung haben, die du ihnen gibst.

Eine Qualität in deinem Leben gewinnt bei all dem immer mehr an Bedeutung: die Neugier. Du tust Dinge nicht mehr so schnell ab, sondern du fragst dich, welche positiven und negativen Seiten eine Sache noch haben könnte. Selbst wenn diese Sache vordergründig nur gut oder nur schlecht erscheint.

So erlebst du dich im Alltag immer öfter: Ganz nah an dir dran, ganz dicht bei dir. Und schaust ganz bewusst und achtsam auf die Bedeutung, die du den Dingen gibst.

FORMULIERE IMPLEMENTATION INTENTIONS UND ÜBE MENTAL

◇ WENN mich etwas belastet, DANN nehme ich mir Zettel und Stift und schreibe die Bedeutung auf, die ich dieser Sache gebe. Danach nutze ich die Technik »Neue Bedeutung, neues Gefühl«.

◇ WENN mich jemand unfreundlich behandelt, DANN sage ich mir: »Das hat nichts mit mir zu tun.«

◇ WENN ich auf ein Problem stoße, DANN sage ich mir: »Das ist eine Herausforderung, die ich lösen werde, sobald die Sache dran ist.«

◇ WENN mir ein Missgeschick passiert, DANN sage ich mir: »Ich bin neugierig, was Gutes aus dieser Sache entstehen wird.«

WIE DU ABSTAND ZU DEINEN GEFÜHLEN UND GEDANKEN HERSTELLST

Was wir schon wissen: Wir können unsere Gefühle und Gedanken nicht kontrollieren. Sie entstehen ganz automatisch in uns. Was wir aber kontrollieren können, ist, wie wir auf sie reagieren, wie wir mit den Impulsen, die in unserem Inneren aufsteigen, umgehen (siehe dazu das 7. Prinzip ab Seite 61).

So haben wir die Möglichkeit, wenn wir merken, dass unsere Stimmung gerade schlecht ist, einiges zu tun, um sie zu verbessern. Wir können Sport treiben, weil das über unseren Körper sehr verlässlich unsere Gefühlslage verbessert. Wir können Atemübungen machen, um uns zu beruhigen. Wir können uns selbst beruhigende und annehmende Sätze sagen und wir können die Verschmelzung zwischen uns selbst und unseren Gefühlen aufheben. Für all diese Ansätze findest du im Folgenden praktikable, wirksame Techniken.

TECHNIK: KONSTRUKTIVE ANTWORTEN TRAINIEREN

Wie schon gesagt, du kannst nicht kontrollieren, welche Gefühle und Gedanken dein unbewusstes System produziert. Du stehst mitten in der U-Bahn und dort schießt dir plötzlich eine große Sorge durch den Kopf. Oder du sitzt abends zu Hause und auf einmal überfällt dich eine hoffnungslose Stimmung.

So etwas passiert einfach. Darauf hast du keinen Einfluss. Was du aber sehr wohl beeinflussen kannst, ist, wie du auf diese

Gefühlsregungen reagierst. Du kannst üben, deinen Gefühlen und Gedanken mit Ruhe und Distanz zu begegnen und dich nicht unreflektiert von ihnen zu irgendwelchen Handlungen hinreißen zu lassen. Mithilfe der Implementation Intentions und des mentalen Trainings lernst du, konstruktiv damit umzugehen.

Konstruktive und lebensdienliche Antworten

Wähle die Gefühle und Gedanken aus, die dich am häufigsten belasten, und trainiere dann deine Reaktion darauf, indem du
1. eine Absichtserklärung formulierst und
2. die Situation und deine Reaktion im Kopf durchspielst.

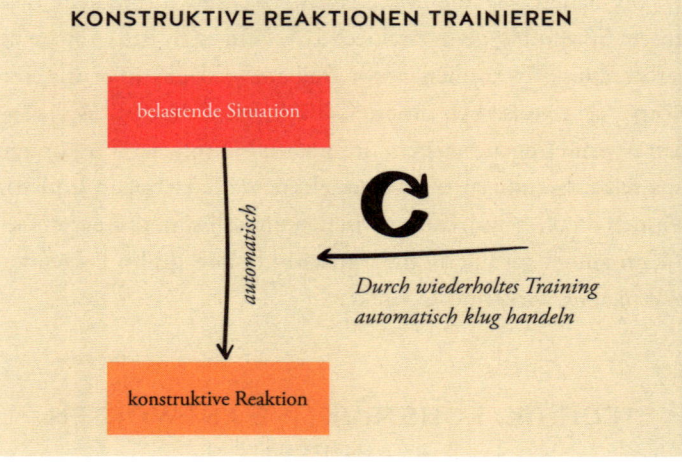

Hier ein paar Beispiele, die illustrieren, wie das geht:

Situation: Du machst dir wegen etwas Sorgen.

Konstruktive Reaktion: Du sagst dir: »Ich spüre eine Sorge. Sorgen sind o. k. Allerdings treffen 99 Prozent aller Befürchtungen nie ein. Gibt es etwas, das ich tun kann, damit das, was ich befürchte, nicht passiert? Wenn ja, dann tue ich es jetzt. Wenn nein, dann wende ich mich gedanklich lieber etwas anderem zu.«

Situation: Etwas läuft nicht, wie du es dir vorgestellt hast.

Konstruktive Reaktion: Du sagst dir: »Okay, das hätte ich mir anders gewünscht. Ich spüre Enttäuschung oder Frustration. Es ist o. k., das zu spüren. Ich gebe mir ein paar Minuten, um einige Male tief durchzuatmen. Dann entwerfe ich einen Plan, wie ich vernünftig und konstruktiv mit der Situation umgehe.«

Situation: Du nimmst etwas wahr, was du an dir nicht magst.

Konstruktive Reaktion: Du sagst dir: »Ja, ich bin nicht perfekt. Und das ist okay. Ich habe meine Schwächen und Unzulänglichkeiten, wie ausnahmslos alle anderen Menschen auch. Es gibt jetzt zwei Möglichkeiten: Entweder ich akzeptiere meine Schwächen und lebe damit oder, wenn ich es in der Hand habe und es mir wichtig genug ist, ich ändere etwas daran.«

Ich schätze, du hast das Prinzip verstanden. Egal, um welches unangenehme Gefühl oder welchen belastenden Gedanken es sich handelt, die Vorgehensweise, um damit konstruktiv umzugehen, ist immer dieselbe:

1. Du fühlst etwas Unangenehmes. Oder du denkst etwas, das dich belastet.
2. Du erlaubst dir, zu fühlen, was du fühlst, und zu denken, was du denkst (siehe das 7. Prinzip ab Seite 61).
3. Du erlaubst der Situation so zu sein, wie sie ist.
4. Danach überlegst du dir, ob die Sache real ist oder vielleicht nur in deinem Kopf existiert.
5. Dann überlegst du, ob die Sache in deinem Einflussbereich liegt (siehe das 1. Prinzip ab Seite 7).
6. Wenn das Ganze real ist und du Einfluss darauf nehmen kannst, entscheidest du, ob es dir wichtig genug ist, hier etwas zu unternehmen (siehe das 10. Prinzip ab Seite 90).
7. Und wenn das so ist, dann tust du etwas. Wenn nicht, ist die vernünftige Wahl, mit der Sache Frieden zu schließen.

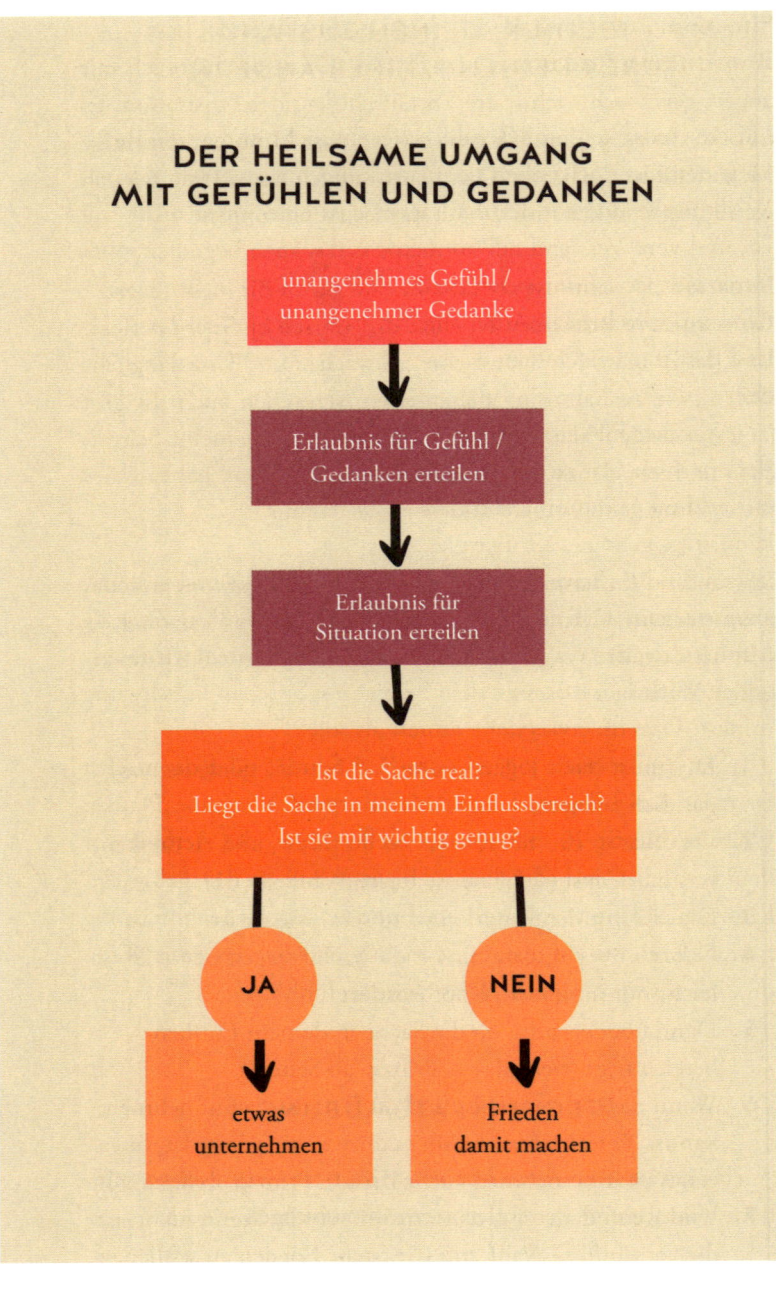

DER HEILSAME UMGANG MIT GEFÜHLEN UND GEDANKEN

unangenehmes Gefühl /
unangenehmer Gedanke

Erlaubnis für Gefühl /
Gedanken erteilen

Erlaubnis für
Situation erteilen

Ist die Sache real?
Liegt die Sache in meinem Einflussbereich?
Ist sie mir wichtig genug?

JA

NEIN

etwas
unternehmen

Frieden
damit machen

TECHNIK: DEINEN ZUSTAND
ÜBER DEINEN KÖRPER ÄNDERN

Unsere Gedanken und Gefühle spiegeln nicht immer die Realität wider. Dennoch haben sie Auswirkungen in unserem Körper. Wir können uns hundertmal sagen, dass eine Angst nicht real ist, und vom Verstand her können wir das auch begreifen, aber unser Körper spannt sich trotzdem an, produziert Adrenalin und lässt uns feuchte Hände haben.

Was hier hilft, ist, dem Körper etwas zu tun zu geben, damit er diese Symptome abbauen kann. Das gelingt zum Beispiel, indem du dich bewegst. Die einfachste Möglichkeit ist ein Spaziergang, gern auch einer, wo du zügiger läufst als sonst. Zwanzig Minuten reichen oft schon. Länger ist natürlich noch wirkungsvoller. Wichtig ist, dass du dein System ein bisschen in Schwung bringst. Dass du etwas tiefer atmest als sonst.

Das beste Gegenmittel für schlechte Stimmung ist oft nicht, deinen Sorgen und Gefühlen tief auf den Grund zu gehen, das beste Gegenmittel ist oft einfach ein bisschen Bewegung.

Du kannst auch joggen oder Rad fahren, oder du machst ein paar Kniebeugen, Liegestütze, Burpees oder eine Planke. Oder du hüpfst 20-mal auf der Stelle. Yoga oder Aerobic vor dem Fernseher sind natürlich auch gut. Wenn dir das mehr liegt, kannst auch laut Musik aufdrehen und zu deinem Lieblingssong tanzen. Egal, was du tust, es ist wichtig dass du verstehst: Wenn du dich bewegst, verändert das deine Gefühlslage.

TECHNIK: ATEMÜBUNG

Auch über unseren Atem können wir unsere Gefühlslage verändern. Hier ist eine der einfachsten Atemübungen:

1. Stell dir einen Küchenwecker auf 5 Minuten.
2. Atme 3 Atemzüge ganz normal und beobachte deinen Atem dabei.
3. Für die folgenden Atemzüge atme ein bisschen länger aus als normal. Atme ganz normal ein, aber verlängere deine Ausatmung bewusst um eine Sekunde. Dein Atemrhythmus wird sich dadurch verändern. Lass deinen Körper deine Atmung bestimmen. Atme so, wie dein Körper es fordert, aber atme immer eine Sekunde länger aus, als dein Körper das von allein tun würde.
4. Atme so weiter, bis der Wecker piepst.

Mehr ist es nicht. Diese Atemübung hilft dir, deine Gefühle und Gedanken zu beruhigen. Es ist sehr nützlich, diese Übung zu kennen und zu trainieren, wenn du lernen willst, dich von deinen Gefühlen und Gedanken nicht beherrschen zu lassen.

TECHNIK: WAHRNEHMEN UND LOSLASSEN

Es gibt noch eine weitere Technik, für die du einen Küchenwecker brauchst. Bei dieser Meditationsübung lernst du, Abstand zu deinen Gefühlen zu bekommen, indem du deine Achtsamkeit für deine Innenwelt stärkst. Sie funktioniert wie folgt:

1. Stell dir wieder einen Küchenwecker auf 5 Minuten. Wenn du geübt bist, kannst du auch länger machen.
2. Setz dich in Ruhe hin, schließ die Augen und atme einfach.
3. Nach 1 Minute richtest du deine Aufmerksamkeit nach innen und suchst in dir nach Gefühlen und Gedanken.
4. Immer wenn du ein Gefühl oder einen Gedanken entdeckst, sagst du innerlich zu dir: »Hallo Gefühl/Gedanke! Ich habe dich gesehen. Ich habe dich gefühlt. Du kannst

jetzt gehen.« Dann schiebst du den Gedanken oder das Gefühl sanft aus deinem Bewusstsein und gehst wieder in die Beobachterposition, wo du auf neue Gedanken und Gefühle wartest. Wenn ein Gefühl oder Gedanke wiederholt auftaucht, nickst du ihm zu und wiederholst das Ganze.

5. Solltest du bemerken, dass deine Aufmerksamkeit dir abhandengekommen ist, nickst du einfach einmal und machst dann weiter mit dem Beobachten.

6. Das Ganze führst du fort, bis der Wecker piepst.

Durch diese Übung schaffst du einen Abstand zwischen dir und deinem Innenleben. Das erlaubt dir, entspannter mit deinen Gedanken und Gefühlen umzugehen und dich nicht von ihnen beherrschen zu lassen.

TECHNIK: ABSTAND GEWINNEN

Wir haben immer dann Schwierigkeiten mit unseren Gefühlen oder Gedanken, wenn wir zu eng mit ihnen verschmolzen sind. Wenn wir einen Gedanken für die absolute Wahrheit halten. Oder wenn wir uns einem Gefühl komplett ausliefern.

Wenn du entspannter mit deinem Innenleben umgehen willst, gilt es, diese Verschmelzung aufzuheben und einen wertschätzenden Abstand zu dem, was auf emotionaler und gedanklicher Ebene in dir vorgeht, zu gewinnen. Und eine der besten Arten, um Abstand zu etwas zu gewinnen, ist eine beobachtende Grundhaltung einzunehmen, um sachlich und manchmal auch humorvoll auf die Sache zu schauen.

Fünf Defusionstechniken

Hier einige einfache, aber wirkungsvolle Ideen, wie du den Abstand noch besser hinbekommst. In der Psychologie nennt man die Ideen übrigens »Defusionstechniken«, weil sie die Verschmelzung (Fusion) mit deiner Identität aufheben.

Möglichkeit 1: Betrachte deine Gefühle und deine Gedanken als Dinge, weil das den gefühlten Abstand zu ihnen vergrößert. Sprich auch über sie wie über Dinge. Etwa: »Ich habe diese Angst vor Krankheit«, oder: »Ich habe dieses Gefühl Ärger«, oder: »Ich habe das Gefühl Enttäuschung.«

Möglichkeit 2: Wenn du einen dich belastenden Gedanken denkst, dann wiederhole ihn 10-mal in deinem Kopf – aber in doppelter Geschwindigkeit und mit einer höheren, quietschigen Stimme.

Möglichkeit 3: Singe einen belastenden Gedanken zu einer lustigen Melodie, wie »Alle meine Entchen«, »Old MacDonald hat ne Farm« oder »Meine Oma fährt im Hühnerstall Motorrad«. Singe also das Lied und ersetze den Text durch deinen belastenden Gedanken. Du kannst zu der Melodie auch ein Gefühl ausdrücken. Singe zum Beispiel zu einer fröhlichen Melodie: »Ich fühle diesen Ärger. Ich fühle diesen Ärger. Ich fühle diesen Ärger. Ich fühle diesen Ärger.«

Möglichkeit 4: Wenn ein belastender Gedanke auftaucht, dann wiederhole ihn im Kopf, aber ersetze jeden Vokal mit einem ö. Aus: »Ich werde nie mehr einen Partner finden« wird dann: »Öch wördö nöö möhr öönön Pörtnör föndön.«

Möglichkeit 5: Nachdem du dir über einen Gedanken oder ein Gefühl bewusstgeworden bist, fragst du dich: »Auf einer Skala von 1 bis 10, wie hilfreich ist dieser Gedanke, dieses Gefühl?

Wie sehr hilft mir dieser Gedanke, ein gutes und erfülltes Leben zu führen und das Allerbeste daraus zu machen?« Wobei eine 1 »gar nicht« bedeutet und eine 10 »hilfreicher geht nicht«.

Das waren die fünf Möglichkeiten, um Abstand zu deinen Gefühlen und deinen Gedanken zu bekommen. Und den brauchst du, um souverän mit deinem Innenleben umzugehen.

Diese Techniken funktionieren übrigens am besten, wenn du sie oft übst. Wenn du regelmäßig versuchst, einen belastenden Gedanken hervorzuholen und ihn dann mit den fünf Möglichkeiten zu bearbeiten.

MENTALES TRAINING: GESUNDEN ABSTAND KULTIVIEREN

Stell dir vor… du stehst fest im Leben.

Du navigierst deinen Alltag mit großer Souveränität, weil du einen freundlichen, mitfühlenden und gesunden Abstand zu deinen Gedanken und deinen Gefühlen hast.

Deine Gefühle tauchen auf und du betrachtest sie freundlich und neugierig. Du weißt, was du fühlst, und du erkennst auch, wenn ein Gefühl Handlungsbedarf signalisiert.

Aber im Großen und Ganzen lässt du deine Gefühle einfach in Ruhe und nimmst sie nicht zu wichtig. Es sind halt Gefühle, diese kleinen Racker, sie kommen und sie gehen auch wieder.

Das Gleiche gilt für deine Gedanken. Du weißt, dass dein Verstand extrem hilfreich und nützlich ist. Aber du weißt auch, dass er manchmal seltsames, unlogisches Zeugs denkt. Dein Verstand befürchtet Dinge, deren Eintreten extrem unwahrscheinlich ist. Er vergleicht dich mit anderen, was niemandem hilft. Dein Verstand tut einfach manchmal Dinge, die dich in keiner Weise weiterbringen.

Das weißt du und dementsprechend betrachtest du auch deine Gedanken mit einem amüsierten Abstand. Du prüfst kontinuierlich, ob sie hilfreich sind oder nicht. Und weil du diesen angenehmen Abstand zu deinen Gefühlen und deinen Gedanken hast, gehst du ganz entspannt, souverän und freundlich mit dir selbst und all deinen inneren Strömungen um. Du kommst mit allem zurecht. Weil du diesen gesunden inneren Abstand hast, der Stärke in dir hervorbringt.

Jeden Tag ein wenig mehr.

FORMULIERE IMPLEMENTATION INTENTIONS UND ÜBE MENTAL

◇ WENN ich zu viel Anspannung spüre, DANN mache ich meine Atemübung für 5 Minuten.

◇ WENN ich bemerke, dass ich mich zu sehr in meine Gefühle oder Gedanken verbeiße, DANN übe ich die Technik »Wahrnehmen und loslassen«.

◇ WENN ich eine Sorge bemerke, DANN wende ich eine Defusionstechnik an, um Abstand zu gewinnen.

◇ WENN ich bemerke, dass ich mich mit anderen vergleiche, DANN sage ich mir: »Vergleiche dich nie, höchstens mit deinem Ich von gestern.«

◇ WENN ich merke, dass ich neidisch werde, DANN sage ich mir: »Wahrscheinlich hat das, auf was ich gerade neidisch bin, auch große Nachteile.«

◇ WENN ich mich abgelehnt fühle, DANN frage ich mich: »Mag ich jeden? Muss ich jeden mögen? Finde ich es nicht auch o. k., wenn ich Menschen ablehne?«

◇ WENN ich Stress spüre, DANN suche ich den Gedanken in mir, der diesen Stress verursacht, und nutze die Technik »Abstand gewinnen«.

WIE DU IN DER GEGENWART BLEIBST

Wenn du nicht durchdrehen willst, musst du sehr achtsam und bewusst mit den Zeitebenen umgehen, in denen du dich mit deinem Denken bewegst. Als Faustregel kann man sagen, dass man sich zu zirka 80 Prozent in der Gegenwart und nur zu je 10 Prozent in der Vergangenheit und der Zukunft aufhalten sollte.

In der Gegenwart zu sein, bedeutet, sich vollständig auf das zu konzentrieren, was du gerade tust, und alles wahrzunehmen, was in diesem Augenblick um

Freude und Glück finden immer in der Gegenwart statt – und zwar nur dort.

dich herum und in dir drin geschieht. Das geht nur, wenn du nicht gleichzeitig der Vergangenheit nachweinst, alten Groll hegst oder an Dinge denkst, die vor einer Stunde, gestern oder vor fünf Jahren passiert sind. Ebenso wenig kannst du zeitgleich im Geist schon das Morgen planen oder dir Sorgen machen, wie dieses oder jenes Ereignis wohl ablaufen wird. Daher gilt: Sei so oft wie möglich anwesend im Hier und Jetzt. Sei da. Und mach nur eine Sache zu einer Zeit. Das hält deine Seele und dein Innenleben ruhig und stabil (siehe dazu auch das 8. Prinzip ab Seite 70).

TECHNIK: LANGSAMKEITSMEDITATION

Im Hier und Jetzt sein. Das klingt ja schön und gut. Aber wie genau geht das? Eine Möglichkeit, um dies zu üben, ist, mal für einen Moment die Geschwindigkeit aus dem Leben herauszunehmen und eine ganz banale Tätigkeit sehr langsam und sehr bewusst zu tun.

Langsamkeitsmeditation

Ich mache mir einen Tee.

Dazu gehe ich ganz langsam Richtung Küche. Meine Aufmerksamkeit ist bei jedem Schritt, den ich tue. Ich nehme bewusst wahr, wie meine Füße den Boden berühren.

Ich öffne die Küchentür mit meiner rechten Hand, spüre den Türgriff an meiner Handinnenfläche, gehe mit zwei langsamen Schritten hindurch, drehe mich um und schließe die Tür wieder langsam hinter mir.

Ich sehe mich um und nehme die Küche wahr, nehme wahr, was auf der Anrichte und auf dem Tisch steht, wie das Licht durchs Fenster einfällt und wie die Küche riecht.

Dann gehe ich langsam zum Schrank und öffne ihn. Ich greife ganz bewusst nach der Teedose.

Und so weiter...

Mithilfe dieser Langsamkeitsmeditation kannst du jede noch so simple Tätigkeit in eine meditative Übung verwandeln. Die Technik eignet sich besonders auch für Menschen, die mit herkömmlichen Meditationen nichts anfangen können, die aber trotzdem in den Genuss der positiven Effekte kommen wollen, die Meditation mit sich bringt.

Durch diese Übung lernst du, mehr im Hier und Jetzt zu sein, also dein Bewusstsein daran zu hindern, in die Zukunft oder die Vergangenheit abzuwandern. Beobachte dich, während du tust, was du tust. Beobachte, was du fühlst. Beobachte auch, was du denkst. Und wenn dein Geist in die Zukunft oder die Vergangenheit abdriftet, dann hole ihn sanft wieder in den Augenblick zurück. Du kannst die Langsamkeitsmeditation zum Beispiel auf folgende Tätigkeiten anwenden: Zähneputzen,

Kochen, Spazierengehen, Fahrradfahren, Bügeln, Basteln, Gärtnern, Aufräumen.

Gerade ungeliebte Tätigkeiten kannst du so in einem ganz neuen Licht wahrnehmen und ihnen eine zusätzliche, nützliche Bedeutung geben. Denn alles, was du ganz bewusst und mit deiner ganzen Aufmerksamkeit tust, bekommt eine gewisse Schönheit. Um wirklich tief von dieser Übung zu profitieren, ist es wichtig, dass du sie regelmäßig machst.

TECHNIK: IN DIE GEGENWART EINTAUCHEN

Glück ist sinnlich. Nahezu alles, was dir ein Glücksgefühl verschafft, hat etwas mit einem Sinneseindruck zu tun. Du spürst die warme Sommerbrise auf deiner Haut. Du siehst das kleine rote Blümchen am Wegesrand leuchten. Du hörst die Vögel im Wald singen. Du hörst das Meer beruhigend rauschen. Du schmeckst das Stück Apfel in deinem Mund und nimmst wahr, wie viele unterschiedliche Geschmacknuancen es hat.

All diese Sinneseindrücke haben eines gemeinsam: Sie finden in der Gegenwart statt. Und zwar ausschließlich dort. Also findet auch das Glück in der Gegenwart statt. Aus diesem Grund hilft dir die folgende Technik, deine Fähigkeit zu stärken, auch in deinem Alltag präsent zu sein. Damit du all diese sinnlichen Glücksmomente entdecken und in dich aufsaugen kannst. Das geht folgendermaßen:

Glück im Alltag

Setze oder stelle dich irgendwo hin und nimm einen tiefen Atemzug.

Suche dir dann einen Gegenstand in deiner Nähe.

Betrachte diesen Gegenstand.

Betrachte den Gegenstand genau.

Folge mit deinen Augen seiner Form.

Sieh die Farben.

Mach dir die Formen des Gegenstands bewusst.

Betrachte genau seine Oberfläche.

Betrachte, wie das Licht auf ihn fällt.

Dann gehe zu dem Gegenstand hin und schließe die Augen. Ertaste ihn.

Spüre die Oberfläche unter deinen Fingern. Fahre mit der Hand an dem Gegenstand entlang. Umkreise die Formen. Streiche die Kanten entlang.

Konzentriere dich, während du den Gegenstand erspürst, auch auf das Geräusch, das deine Finger auf seiner Oberfläche machen.

Klopfe darauf und lausche.

Erkunde den Gegenstand mit deinen Sinnen.

Du kannst mit all deinen Sinnen voll in Situationen eintauchen, zum Beispiel, indem du etwas ganz bewusst isst. Genau wie in der vorangegangenen Übung kannst du etwa eine Orange zuerst betasten, sie dann schälen und schließlich essen. Dabei achtest du ganz bewusst auf ihren Geruch und ihren Geschmack. Oder du gehst mit deiner vollen Aufmerksamkeit durch den Wald, nimmst jeden Baum wahr, siehst einzelne Blätter, siehst die tausend verschiedenen Grüntöne, hörst das Konzert der Vögel, fühlst das Moos und den Waldboden unter deinen Füßen und riechst die Erde, den Regen und die Sonne.

Indem du Dinge mit allen Sinnen bewusst und tief erkundest, vergrößerst du deine Glücksfähigkeit. Denn Glück wird meistens durch deine Sinneswahrnehmungen hervorgerufen. Wenn du deine Sinne schärfst und bewusster einsetzt, wirst du öfter auch in kleinen Dingen Glück entdecken.

TECHNIK: SCHMERZTRAINING

Warum flüchten sich so viele Menschen aus dem Erleben der Gegenwart? Weil es im Hier und Jetzt jede Menge Schmerzpunkte gibt und jede Menge Dinge, die unangenehm, frustrierend, beängstigend oder enttäuschend sind. Da fühlt es sich für viele von uns besser an, sich mental aus all dem zu verabschieden, indem wir uns mit irgendetwas ablenken. Oder indem wir in die Zukunft, die Vergangenheit oder irgendwelche Tagträumereien abtauchen.

Die Gegenwart, wo die Freude und das Glück wohnen, muss man auch aushalten können.

Wenn wir stattdessen aber mehr in der Gegenwart sein und im Hier und Jetzt Freude und Lebendigkeit spüren wollen, müssen wir auch lernen, die schmerzlichen Seiten dessen auszuhalten, was wir erleben. Wir müssen akzeptieren, dass negative Gefühle zum Leben dazugehören. Und wenn du das 7. Prinzip anwendest, also deine Gefühle und Gedanken nicht zu ernst nimmst, kannst du das auch. Weil du dann in der Lage bist, deine negativen Gefühle neugierig und mit Abstand zu betrachten und gelassen abzuwarten, bis sie von allein wieder verschwinden.

Die folgende Technik hier bietet dir noch eine andere Möglichkeit, um mit Schmerz und Unangenehmem umzugehen: Du lernst, dich dagegen abzuhärten, damit du Gefühle und Gedanken, die du nicht magst, souveräner aushalten kannst.

Ich weiß, das klingt nicht lustig. Aber betrachte es als eine Art Schutzimpfung gegen die kleinen Schmerzpunkte des Alltags, die du, wenn du auf diese Weise trainierst, nach einer Weile nur noch belächeln wirst.

Das Abhärtungstraining funktioniert so:

Setze dich einfach regelmäßig kleinen unangenehmen, leicht schmerzhaften Dingen bewusst aus. Und während du das Unwohlsein spürst, sagst du zu dir selbst: »Ich kann das aushalten. Ich kann das ertragen. Dieses Gefühl geht vorbei. Das Unangenehme aushalten zu können, macht mich stark und frei.« Wiederhole diese Worte wie ein Mantra. Ich weiß, das klingt nicht nach Spaß. Im Gegenteil, das kostet häufig jede Menge Überwindung. Aber es bringt so viel. Es ist der Weg zu mehr Freiheit.

Nach einiger Zeit des Trainings wirst du diese Worte auch im Alltag sprechen, wenn du in leicht unangenehmen Situationen bist. Ja, du wirst sogar mutiger und effektiver werden, weil du mit mehr Selbstvertrauen und Gelassenheit in unangenehme, aber notwendige Situationen gehen wirst. Mit dem Wissen, dass du damit klarkommen und die Sache aushalten kannst.

Hier einige Möglichkeiten, um dies zu trainieren. Bringe dich selbst in diese oder vergleichbare Situationen und sage dir dann dein Mantra auf.

◇ Stelle deine Dusche kälter als normal. So kalt, dass du es als leicht unangenehm empfindest.
◇ Halte Hunger für 1 Stunde aus, bevor du etwas isst.
◇ Ziehe etwas Seltsames an, wofür du dich ein bisschen schämst. Setze vielleicht einen merkwürdigen Hut auf. Gehe so auf die Straße.
◇ Nimm die Treppe, wenn du sonst den Fahrstuhl nimmst.
◇ Renne so schnell, bis du außer Atem bist. Wenn du aufhören willst, mache noch für 20 Sekunden weiter und sage dir, dass du die Anstrengung aushalten kannst.
◇ Wenn dir kalt ist, warte 2 bis 3 Minuten, bevor du dir etwas anziehst.
◇ Wenn du keine Lust zu einer Aufgabe hast, erledige sie trotzdem und sage dir, dass du die Unlust und den inneren Widerstand aushalten kannst.

Du kennst ja selbst die kleinen unangenehmen Situationen am besten, denen du in deinem Alltag am liebsten ausweichst.

Bringe dich gezielt dazu, sie zu erleben, und sage dir, während du in der Situation bist: »Ich komme damit klar. Ich halte das aus. Ich kann das ertragen. So schlimm ist es nicht. Der Schmerz geht vorbei. Und am wichtigsten: Den Schmerz aushalten zu können macht mich stark und frei.«

MENTALES TRAINING: DIE GEGENWART GENIESSEN

Stell dir vor ... du genießt die Gegenwart.

Du bist wahnsinnig gerne im Hier und Jetzt. Du saugst all die kleinen Schönheiten um dich herum auf.

Du siehst und hörst und fühlst, was jetzt in diesem Augenblick um dich herum existiert. Du stellst über deine Sinne eine tiefe Verbindung zum Augenblick her – zu der einzigen Zeit, in der du Glück und Freude wirklich erleben kannst.

Du nickst der Vergangenheit freundlich zu und beschäftigst dich dann wieder mit der Gegenwart. Du nickst der Zukunft freundlich zu und beschäftigst dich dann wieder mit der Gegenwart.

Du weißt, dass das richtige Leben nur in diesem Augenblick passiert. Nur jetzt kannst du etwas tun und etwas bewirken. Nur jetzt kannst du handeln. Das weißt du und deswegen genießt du die Gegenwart auch so. Die Gegenwart sieht aus wie das schönste Bild, das du je gesehen hast. Sie hört sich an wie die schönste Melodie, die jemals den Weg zu deinen Ohren gefunden hat. Die Gegenwart schmeckt wie dein Lieblingsgericht.

Du streichelst der Gegenwart zart über das Gesicht und schaust sie liebevoll an. Denn du und die Gegenwart, ihr seid die allerbesten Freunde. Ihr kommt super miteinander aus. Wenn sich ein Gedanke über die Vergangenheit in deinen Kopf verirrt, dann nickst du dem Gedanken freundlich zu. Du schüttelst ihm die Hand. Du fragst dich, was du aus ihm lernen kannst. Du lernst. Du verstehst. Dann schickst du den Gedanken wieder auf seinen Weg.

Wenn sich eine Sorge über die Zukunft in deinen Kopf verirrt, dann sagst du dieser Sorge »Hallo«. Du klopfst der Sorge freundlich auf die Schulter. Du überlegst, ob die Sorge real ist und ob du etwas tun musst. Du entwirfst vielleicht sogar einen Plan. Dann schüttelst du der Sorge freundlich die Hand und lässt sie wieder ziehen.

Du schätzt die Zukunft und die Vergangenheit. Du nutzt sie, um zu planen und zu lernen. Aber dein Leben findet jetzt und hier statt und das ist dir in jedem Moment bewusst.

Die Gegenwart hat so unendlich viel zu bieten. Und du nutzt jeden Tag, um sie zu genießen.

FORMULIERE IMPLEMENTATION INTENTIONS UND ÜBE MENTAL

◇ WENN ich merke, dass ich zu sehr in meine Automatismen abgleite, DANN führe ich eine Langsamkeitsmeditation durch.

◇ WENN ich merke, dass ich Stress habe, DANN tauche ich mit allen Sinnen in die Gegenwart ein.

◇ WENN ich merke, dass mich etwas frustriert oder nervt, DANN sage ich mir: Wenn es sich lohnt, kann ich den Schmerz aushalten. Den Schmerz auszuhalten macht mich wendiger und freier.

◇ WENN ich mir Sorgen mache, DANN reserviere ich 10 Minuten für das Durchdenken der Sorge und wende mich danach wieder der Gegenwart zu.

◇ WENN ich in die Vergangenheit abgleite, DANN reserviere ich mir 10 Minuten für das Durchdenken der Vergangenheit und wende mich danach wieder der Gegenwart zu.

WIE DU DIR DEIN BESTES LEBEN SCHAFFST

Deine Werte – das ist das, was dir am wichtigsten ist im Leben. Das, was du am meisten brauchst, um glücklich, zufrieden und ausgeglichen zu sein. Wenn du deine Werte kennst und jeden Tag lebst, führst du das für dich bestmögliche Leben. Wie du sie findest und in Worte fasst, hast du ja bereits im Kapitel über das 9. Prinzip (ab Seite 79) erfahren. An dieser Stelle hier geht es jetzt darum, wie du sie im Alltag besser leben kannst.

TECHNIK: WERTEKOMPASS

Dieses Phänomen kennt wohl jeder: In einem vollen Alltag vergessen wir schnell, was uns wirklich wichtig ist. Wenn das ungefilterte Leben auf uns einbricht und uns mit all seinen Verpflichtungen und Aufgaben überrennt, rückt das wirklich Wesentliche leicht in den Hintergrund. Deswegen ist es wichtig, dass du dich regelmäßig an das erinnerst, was dir am wichtigsten ist. Denn in deinem Leben setzen

Deine wahren Werte zu kennen und jeden Tag an die erste Stelle zu setzen, ist der Königsweg zu echter Zufriedenheit und Ausgeglichenheit.

sich ja nicht automatisch deine Werte durch – eher das, was am lautesten nach deiner Aufmerksamkeit schreit. Aus diesem Grund leben erstaunlich viele Menschen ein Leben, das mit ihrem Werten nicht viel zu tun hat. Was oft zu großer Reue und Bedauern führt, wenn ihr Tod näher rückt.

Hier findest du ein Instrument, um dich an deine Werte zu erinnern – einen Wertekompass, so wie du ihn im folgenden Bild siehst. Der Kompass beschreibt drei Aspekte deiner Werte:

1. Was dein Wertbegriff ganz konkret für dich bedeutet, also beispielsweise der Wert »Liebe« oder »Gemeinsamkeit«.
2. Welche kleinen oder großen Ziele sich aus deinem Wert ergeben – also Dinge, die du verwirklichen willst, um diesem Wert gerecht zu werden. Zum Beispiel einen Verein zu gründen, wenn dir Gemeinsamkeit wichtig ist.
3. Wie du deinen Wert ganz konkret lebst. Wie du also im Alltag, jeden Tag im Kleinen, Dinge tust, die deinen Wert zum Ausdruck bringen, indem du zum Beispiel, wenn dir Familie wichtig ist, deinem Partner und deinen Kindern täglich sagst, dass du sie liebst.

DER WERTEKOMPASS

Was bedeutet mein Wert?

Welche Ziele entstehen aus meinem Wert?

Wie lebe ich meinen Wert im Alltag?

1 NOV

Damit du noch besser verinnerlichst, wie so ein Wertekompass funktioniert, hier einige Beispiele dafür:

Wert: Freiheit
Bedeutung: Meinen eigenen Interessen folgen. Meinen Rhythmus leben. Wenig Sachzwänge
Ziel: Wohnmobil-Weltreise. Ich mache mich selbstständig. Ich werde mit 2000 Euro im Monat auskommen
Alltag: Jeden Tag eine Stunde allein in der Natur aufhalten. Zu nichts Ja sagen, was ich nicht auch wirklich will.

Wert: Einfachheit
Bedeutung: Ich besitze nicht viel, das an mir zerrt. Ich komme mit wenig aus. Mein Leben wird von wenigen Dingen bestimmt.
Ziel: Alles verkaufen oder verschenken, was ich nicht brauche. Unser Haus so aufräumen, dass ich jederzeit weiß, wo alles ist.
Alltag: Ich begrenze die Anzahl meiner Verpflichtungen und Projekte streng. Ich sage reflexartig erst einmal Nein zu neuen Anschaffungen oder neuen Projekten.

Wert: Ruhe
Bedeutung: Stille. Abwesenheit von Lärm. Ruhige Menschen. Ruhige Umgebung. Viel Natur.
Ziel: Ich wohne in der Natur, wo es ruhig ist. Ich verbringe eine Woche im Schweigekloster.
Alltag: Ich sorge dafür, dass ich jeden Tag Zeiten der Stille für mich habe. Ich meide laute und unruhige Orte.

Erstelle dir nun deinen eigenen Wertekompass. Nimm für jeden deiner Werte ein eigenes Blatt Papier. Hier schreibst du auf, was dieser Wert für dich bedeutet, was für Ziele mit diesem Wert in Verbindung stehen und wie du deinen Wert im Alltag leben willst. Platziere deinen Kompass, wenn er fertig ist, gut sichtbar in deinem Umfeld, sodass du oft über ihn stolperst. Nimm ihn dir ganz bewusst mindestens einmal pro Woche vor und frage dich: Welcher meiner Werte hat gerade am meisten Liebe und Zuwendung notwendig? Um welchen meiner Werte sollte ich mich gerade am ehesten kümmern? Überlege dir regelmäßig, wie du noch mehr gemäß deiner Werte leben und handeln kannst und welche Ziele du dir setzen könntest, um deine Werte stärker in deinen Alltag zu integrieren.

Werte sind nur nützlich, wenn du dich jeden Tag daran erinnerst.

TECHNIK: WERTE-REALITÄTS-CHECK

In der rauen Wirklichkeit da draußen ist es tatsächlich nicht ganz einfach, die eigenen Werte jeden Tag zu leben. Wenn wir unser Leben nicht ganz bewusst in die Hand nehmen und steuern, setzen sich stattdessen andere Dinge durch: frühere Entscheidungen, die ihren Tribut fordern und uns Sachzwänge bescheren; Gewohnheiten, die wir über die Jahre aufgebaut haben, die uns heute aber nicht mehr guttun; die Angst, unseren Status quo zu verlieren, wenn wir zu viele Dinge ändern, und andere Menschen, die an uns zerren und uns in eine bestimmte Richtung drängen wollen.

In diesem Kräftefeld passiert es nur allzu schnell, dass wir den Kontakt zu unseren Werten verlieren. Deswegen ist es nützlich, wenn du ungefähr jedes halbe Jahr einen Werte-Realitäts-Check durchführst, indem du überprüfst, was in deinem Leben den größten Raum einnimmt. Idealerweise sind das dann natürlich deine Werte. Aber wenn du merkst, dass etwas anderes dein Leben okkupiert hat, kannst du dann anfangen, deinen Kurs zu korrigieren.

Und wie geht dieser Werte-Realitäts-Check?

Ganz einfach. Du stellst dir lediglich selbst ein paar Fragen:

◇ Was in meinem Leben nimmt den größten Teil meiner Zeit ein? Womit beschäftige ich mich in meinem Alltag am meisten? Mit meinen Werten? Oder mit etwas, das mir eigentlich gar nicht wichtig ist?

◇ Wie viel Zeit wende ich für ungeliebte Pflichten auf?

◇ Wie viel Zeit für mein Erholungs- und Ablenkungsprogramm (soziale Medien, TV, Streamen, im Internet surfen).

◇ Was in meinem Leben nimmt gedanklich und emotional den größten Raum ein? Sind es meine Werte? Oder ist es etwas, das eigentlich keine Rolle spielen sollte?

◇ Lebe ich alle meine Werte? Bekommen alle meine Werte gleichermaßen von meiner Liebe, meiner Energie, meiner Zeit und meiner Schaffenskraft etwas ab?

Diese Fragen zielen vor allem auf eine Grundfrage ab: Lebe ich meine Werte im Alltag oder wird mein Leben von anderen Dingen bestimmt? Wenn du merkst, dass deine Werte dir verlorengegangen sind, dann korrigiere das. Überlege dir:

◇ Was hält mich hier am meisten zurück? Ist es meine Bequemlichkeit? Meine Angst vor Konflikten? Mein Sicherheitsdenken? Mein Pflichtgefühl?

◇ Was will ich in meinem Alltag ändern, damit die für mich wichtigen Dinge wieder mehr Raum bekommen?

◇ Womit muss ich aufhören oder was muss ich abgeben, damit mehr Raum für das bleibt, was mir wirklich wichtig ist?

◇ Bei welchen Ablenkungen muss ich mich selbst disziplinieren, damit ich nicht den einfachen, bequemen Weg gehe?

◇ Welche Regeln könnte ich für mich aufstellen? (Zum Beispiel: »Die erste Stunde des Tages gehört mir« oder »Sage nicht Ja, wenn du Nein meinst«.)

◇ Wie kann ich das, was mir wirklich wichtig ist, täglich berücksichtigen?

◇ Wie kann ich das, was mir wichtig ist, in kleinen Schritten mehr in meinen Alltag einbauen?

Diese Fragen helfen dir, einen Plan aufzustellen, wie du deinen Werten einen größeren Raum in deinem Leben geben kannst.

MENTALES TRAINING: DEINE WERTE LEBEN

Stell dir vor… du wachst morgens auf und du hast von der ersten Sekunde an dieses großartige Gefühl der Klarheit.

Du stehst auf und hast die direkte Verbindung zu deinem Leben. Weil deine Klarheit jede Faser deines Lebens durchdringt. Weil du ganz genau weißt, was dir wichtig ist und was getan werden muss.

Du erinnerst dich noch an vergangene Zeiten, wo das anders war. Weil du anderen Dingen in deinem Leben den Vorrang gegeben hast. Aber jetzt nicht mehr. Jetzt führst du ein Leben der Klarheit, wo wirklich das den ersten Platz einnimmt, was am wichtigsten für dich ist.

Natürlich gibt es Momente, in denen du gegen deine Bequemlichkeit ankämpfst. Wo du deine Angst überwinden musst, um dir selbst treu zu bleiben. Und du bist stolz auf dich, weil du diese Kämpfe führst und nicht den Weg des geringsten Widerstands gehst. Denn du bist ein Krieger oder eine Kriegerin für das, was dir am meisten bedeutet.

Natürlich gibt es auch Verhandlungen. Da setzt du dich mit den Menschen um dich herum auseinander, um Möglichkeiten zu finden, damit jeder das bekommt, was ihm wichtig ist. Um kluge Lösungen zu finden, bei denen alle lächeln können. Du bist schon sehr gut darin geworden, diese Lösungen zu finden, weil du so sehr an Werte und deren Erfüllung glaubst. Tatsächlich kannst du aus dem Stegreif sofort deine wichtigsten Werte aufzählen, das, was dir am meisten bedeutet. Und die Ziele, die du in Bezug auf deine Werte verfolgst. Und du hast die Regeln im Kopf, mit denen du deine Werte in deinen Alltag eingebaut hast. Du befolgst sie wie ein Mönch seine Ordensregeln.

Du bist die Chefin oder der Chef in deinem Reich und deine Werte sind deine wichtigsten Gesetze. Das, was für dich am meisten zählt. Das, was jeden Tag, jede Woche, jeden Monat deines Lebens durchdringt.

Du atmest deine Werte. Du bist deine Werte. Und das gibt dir eine unglaubliche Kraft und einen Fokus. Du spürst jeden Tag die Stabilität und die Sicherheit, die du bekommst, weil du weißt, was dir am wichtigsten ist.

FORMULIERE IMPLEMENTATION INTENTIONS UND ÜBE MENTAL

◇ WENN ich durcheinander bin oder mich unsicher fühle, DANN nehme ich mir meinen Wertekompass vor und verinnerliche, was mir wirklich wichtig ist im Leben.

◇ WENN morgens beim Aufstehen meine Füße den Boden berühren, DANN frage ich mich, was mir wirklich wichtig ist und was ich deswegen heute tun werde.

◇ WENN ich merke, dass ich zu wenig Kraft habe, um mich um meine wichtigsten Dinge zu kümmern, DANN tue ich etwas, das mir neue Kraft gibt und meine Batterien wieder auflädt.

◇ WENN mein Kalender mich einmal pro Monat daran erinnert, DANN führe ich einen Werte-Realitäts-Check durch.

WIE DU DEINE PROBLEME ZUM VERSCHWINDEN BRINGST

Wenn du nicht durchdrehen willst, musst du deine Probleme lösen – oder deinen Frieden damit machen. Denn eins ist klar: Jammern hilft nicht und still leiden auch nicht. Und auch die Verantwortung und die Schuld wegzuschieben, bringt dich nicht weiter. Probleme sind zum Lösen da (siehe das 10. Prinzip ab Seite 90).

Ein Problem kann auch eine Chance sein, dein Leben auf ein besseres Niveau zu heben.

Wir kaufen uns Sudoku-Hefte oder Rätselmagazine. Wir klettern an steilen Felswänden hoch und machen Abenteuerurlaube in der Wildnis. Das Lösen von Problemen und das Bewältigen von Herausforderungen liegt uns also im Blut – ja es macht uns sogar Spaß und verschafft uns eine tiefe Befriedigung.

Führe dir das vor Augen, wenn du übst, diese Fähigkeit auch auf deine Alltags- und Lebensprobleme anzuwenden. Die folgenden Techniken helfen dir dabei.

TECHNIK: PROBLEMVERSTEHER

Albert Einstein hat einmal gesagt: »Wenn ich eine Stunde habe, um ein Problem zu lösen, dann beschäftige ich mich 55 Minuten mit dem Problem und fünf Minuten mit der Lösung.«

Wenn wir die Natur eines Problems erst einmal wirklich verstanden haben, dann wird es oft ganz einfach, es zu lösen. Dabei hilft diese Technik hier. Allerdings sollten wir uns dafür zuerst einmal der Frage zuwenden, warum und unter welchen Umständen Probleme ganz allgemein eigentlich entstehen.

Wie und wann entsteht ein Problem?

Ein Problem entsteht in dem Augenblick, wenn unsere Erwartung und die Wirklichkeit nicht übereinstimmen – wenn wir wollen, dass etwas anders ist, als es ist.

Wenn du willst, dass alle Menschen dich lieben, dann hast du ein Problem. Wenn du dir Anerkennung von deinem Vater wünschst, der seit 20 Jah-

Du kannst nahezu jedes Problem lösen, indem du die Situation einfach akzeptierst, wie sie ist.

ren tot ist, hast du ein Problem. Wenn du erwartest, dich in jeder Sekunde deines Lebens glücklich und zufrieden zu fühlen, hast du ein Problem.

Die erste Disziplin beim Verstehen eines Problems besteht darin, dich zu fragen: »Entsteht das Problem durch meine unrealistische Erwartung oder meinen weltfremden Wunsch, oder ist meine Erwartung angemessen und rational?«

Aber wann ist eine Erwartung unrealistisch oder irrational? Wie du diese Frage beantwortest, ist ganz allein deine Entscheidung. Doch auf kurz oder lang wirst du merken, dass sich manche Probleme nicht leicht lösen lassen, auch wenn du deine Erwartung für noch so angemessen hältst. Dann hast du genau zwei Möglichkeiten:

Du kannst sagen: »Ich will dieses Problem aus der Welt schaffen und ich werde es so lange mit all den Techniken aus diesem Buch versuchen, bis es gelöst ist.« Oder aber, du arbeitest an deiner Erwartung und schraubst sie runter.

Problemlösung: Erwartungen senken

Gerade, wenn du merkst, dass du bei deinem Versuch, ein Problem zu lösen, immer wieder mit Widerständen zu kämpfen hast, kann es klug sein, den Kampf aufzugeben und lieber an deiner Erwartung zu arbeiten. Denn deine Erwartung zu korrigieren ist viel einfacher, als die Wirklichkeit da draußen zu verändern. Deine Erwartung liegt zu hundert Prozent in deinem Einflussbereich (siehe das 1. Prinzip ab Seite 7). Außerdem ist eine Erwartung auch nur eine Bedeutung, die du bewusst verändern kannst, wenn es dein Leben angenehmer oder leichter macht (siehe das 6. Prinzip ab Seite 49). Mithilfe der folgenden Fragen kannst du dir selbst helfen, deine Erwartung herunterzuschrauben:

◇ Wie lautet meine Erwartung? Wie soll es gefälligst sein?
◇ Werde ich daran sterben oder wird es mich krank machen, wenn sich diese Erwartung nicht erfüllt?
◇ Kann ich trotzdem ein gutes Leben haben und werde ich Glücksmomente erleben, auch wenn sich diese Erwartung nicht erfüllt?
◇ Werde ich reale finanzielle oder berufliche Nachteile haben, wenn nicht eintrifft, was ich erwarte?
◇ Schränkt es meine Lebensqualität in vielen Lebensbereichen massiv ein, wenn es nicht eintrifft?
◇ Werde ich meine Familie oder Freunde verlieren, wenn sich diese Erwartung nicht erfüllt?

Wie gesagt, manchmal ist die einfachste Lösung für ein Problem, sich selbst einen guten Rat zu geben und zu sagen: »Vielleicht erwarte ich hier zu viel. Vielleicht wäre es klüger, meine Erwartungen runterzuschrauben und mehr auf die guten Seiten der Situation zu schauen.« Auch so löst du ein Problem.

Kein Erwartungsproblem

Wenn du aber sagst: »Nein, meine Erwartung, dass die Wirklichkeit anders sein soll, als sie momentan ist, ist richtig und angemessen«, kannst du dein Problem weiter analysieren. Stelle dir dazu die folgenden vier Fragen, mit denen du verschiedene Aspekte deines Problems untersuchen kannst:

◇ **Situation**: Wann und wo wird das Problem sichtbar?
◇ **Fakten**: Was genau passiert dann faktisch?
◇ **Beteiligte**: Wer ist alles daran beteiligt?
◇ **Ursachen**: Warum tritt das Problem auf?

Diese vier Fragen helfen dir, dein Problem zu durchdenken und zu verstehen. Oft fallen dir durch das Durchdenken auch spontan Lösungsideen ein. Manchmal löst sich ein Problem allein dadurch, dass du es ganz nüchtern und bewusst analysierst, in Luft auf. Weil du auch hier feststellen kannst, dass das Problem vielleicht nur durch dein Denken, deine Erwartungen und durch die Bedeutungen hervorgebracht wurde, die du den Dingen gibst. Falls du noch nicht genau vor Augen hast, wie du diese Fragen beantworten sollst, hier ein Beispiel dafür:

Erwartungen: Welche deiner Erwartungen kollidieren mit der Realität und erschaffen so das Problem?
◇ »Ich sollte gelassener reagieren, wenn etwas nicht so läuft, wie ich es geplant hatte, und mich unter Kontrolle haben, statt rumzubrüllen.« Oder: »Ich sollte mich in meinem Job wohlfühlen.«

Situation: Wann und wo genau, in welchen Situationen, nehme ich das Problem als Problem wahr?
◇ »Immer, wenn ich ins Büro komme, habe ich Bauchschmerzen.« Oder: »Immer, wenn meine Frau mich kritisiert, raste ich aus.«

Fakten: Was sind die Fakten zu diesem Problem? Was sind reale, beobachtbare und messbare Details des Problems?

◇ »Ich verliere die Kontrolle, wenn ich kritisiert werde.
Ich brülle dann rum.« Oder: »Ich fühle diesen Druck im Magen und mein Bauch wird ganz hart. Ich fühle mich unwohl.«

Beteiligte: Welche Menschen oder Organisationen sind außer dir an diesem Problem beteiligt?

◇ »Ich verliere die Kontrolle bei meiner Frau und meinen Kollegen.« Oder: »Ich fühle mich im Büro unwohl, besonders bei meiner Vorgesetzten und dieser einen Kollegin.« Oder: »Das Finanzamt hat mich falsch veranlagt und weigert sich, den Fehler zuzugeben.«

Ursachen: Woher kommt das Problem? Was hat das Problem verursacht? Und was hat die Ursachen verursacht:

◇ Ursache meines Ausrastens: »Ich fühle mich angegriffen. Ich befürchte, dass so sichtbar wird, dass ich etwas vergessen/ nicht gut gemacht habe. Und das will ich nicht, denn ich will nicht als unfähig dastehen. Ich will, dass alle denken, ich wäre stark und hätte alles unter Kontrolle.«

Was will ich stattdessen?

Wenn wir ein Problem haben, dann ist unser erster Impuls zu sagen: »Das Problem soll verschwinden. Ich will das nicht mehr. Ich will alles, aber nicht dieses Problem.« Doch diese Herangehensweise führt vom sprichwörtlichen Regen in die Traufe. Wir stolpern von einem schlechten Job in den nächsten. Oder von einer schlechten Beziehung in die nächste. Denn es reicht selten, nur zu sagen, was wir *nicht* wollen. Wir müssen auch sagen, was wir *anstelle dessen* haben möchten. Versuche mal in einen Schuhladen zu gehen und zu sagen: »Ich suche Schuhe und zwar keine

Tanzschuhe.« »Aber was denn für Schuhe?«, fragt der Verkäufer. Und du sagst: »Eben keine Tanzschuhe.« Der Verkäufer fragt: »Zu welchen Gelegenheiten wollen Sie die Schuhe denn anziehen?« Und du sagst: »Nicht zum Tanzen.«

Du machst es dir und allen anderen im Leben so viel einfacher, wenn du sagst, was du willst, statt zu erklären, was du nicht mehr willst. So ist das bei Problemen auch. Statt zu sagen: »Ich will das und das nicht mehr« sage lieber, was du anstelle dessen haben willst.

◇ »Ich will diesen Mistjob nicht mehr machen« wird dann zu: »Ich will eine Arbeitsstelle mit freundlichen Kollegen und einer Aufgabe, bei der ich Dinge organisieren kann.«

◇ »Ich will endlich raus aus der Beziehung« wird zu: »Ich will eine Weile allein wohnen und ohne Partner sein, um herauszufinden, wer ich bin.«

◇ »Ich will meine Schulden loswerden« wird zu: »Ich möchte einen gesunden und vernünftigen Umgang mit Geld lernen, sodass ich ein paar Rücklagen für schlechte Zeiten bilden kann.«

Das eigene Problem zu verstehen und zu kennen ist wichtig, um Problemlösungen zu entwickeln. Aber es ist auch wichtig zu wissen, was du anstelle des Problems haben willst. Damit du weißt, in welche Richtung du sinnvollerweise gehen solltest. Denn häufig musst du das Problem gar nicht lösen, sondern einfach nur das systematisch verfolgen, was du anstelle des Problems willst. Dadurch verschwindet das Problem oft von allein.

TECHNIK: LÖSUNGSFINDER

In der vorangegangenen Technik hast du fünf Dimensionen des Problems für dich geklärt, auch wenn wir sie da noch nicht so genannt haben. Weil es so wichtig ist, diese Dimensionen des Problems zu verstehen und weil in jeder der Dimensionen Lösungsansätze stecken, um das Problem zu beseitigen, gehen wir in der folgenden Übung damit noch einen Schritt weiter. Zu Erinnerung:

Dimension 1: Wie lauten deine Erwartungen, die mit der Realität kollidieren und die das Problem erschaffen?

Dimension 2: Wann, wo und in welcher Situation wird das Problem sichtbar?

Dimension 3: Was sind die Fakten zum Problem? Was passiert genau? Was kannst du beobachten und fühlen, wenn das Problem auftritt?

Dimension 4: Welche Personen oder Organisationen sind am Problem beteiligt?

Dimension 5: Was sind die Ursachen des Problems? Welche Dinge erzeugen das Problem?

Dimension 1: Deine Erwartungen

Dieses Thema hatten wir schon bei der Technik: Problemversteher. Probleme entstehen auch durch unsere Erwartung, dass die Dinge anders sein sollen. Ändere deine Erwartung und die Bedeutung, die du einer Sache gibst, und das Problem löst sich in Luft auf.

Also formuliere noch einmal deine Erwartung, die das Problem, das dich belastet, hervorbringt. Nehmen wir zum Beispiel den Fall, dass das Finanzamt eine falsche Forderung an dich gestellt hat und du das Geld tatsächlich auch überwiesen hast. Die Erwartung, die hier dahintersteht, lautet: »Das Finanzamt darf keine Fehler machen.« Und: »Die müssen mir mein Geld sofort wiedergeben.«

Und nun frage dich: »Wie müsste ich hier meine Erwartung ändern und die Bedeutungen verschieben?« Das Beispiel mit dem Finanzamt fortgeführt:

◇ Doch, auch die Mitarbeiter des Finanzamts sind nur Menschen und sie dürfen Fehler machen.
◇ Die müssen nicht sofort reagieren. Wenn ich freundlich und geduldig bin, erhöhe ich die Wahrscheinlichkeit, dass ich mein Geld wiederbekomme.
◇ Wenn ich mein Geld nicht wiederbekomme, werde ich das überleben, das wird mir nicht das Genick brechen.

Ändere also deine Erwartungen und du änderst auch dein Problem. Vielleicht verschwindet es sogar.

Dimension 2: Wann, wo und in welcher Situation wird das Problem sichtbar?

Es gibt Probleme, deren Auslöser liegt in der Vergangenheit und lassen sich auch nicht mehr ändern. Zum Beispiel, wenn das Finanzamt etwas verbockt hat. Oder wenn deine Eltern dich früher schlecht behandelt haben. Dann hilft dir das Herausfinden des Auslösers nicht so viel. Zumindest dann nicht, wenn unwahrscheinlich ist, dass das Problem noch einmal auftritt. Andere wiederkehrende Probleme haben jedoch einen immer noch wiederkehrenden Auslöser. Da wird das Problem regelmäßig in bestimmten Situationen sichtbar. Hier ein paar Beispiele:

◇ Immer wenn ich die Chipstüte sehe, esse ich sie leer, obwohl ich doch auf meine Ernährung achten wollte.
◇ Immer wenn meine Frau mich kritisiert, raste ich aus.
◇ Immer wenn ich das Büro betrete, bekomme ich Bauchschmerzen.

Wenn ein Problem einen Auslöser hat, gibt es einen ganz einfachen Trick, um das Problem zu lösen: Verhindere den Auslöser. Kaufe keine Chips mehr, dann siehst du auch keine Chipstüte. Bitte deine Frau, dich nicht mehr zu kritisieren, sondern dir ihre Verbesserungsvorschläge in netten, freundlichen Worten zu sagen. Kündige deinen Job, oder frage, ob du im Homeoffice arbeiten kannst, wenn das Büro (oder ein Kollege darin) dir regelmäßig Bauchschmerzen verursacht. Verschenke den Fernseher, wenn du deinen Fernsehkonsum als Problem ansiehst.

Hier ist die Lösung also ganz einfach: Verhindere den Auslöser, dann verhinderst du auch das Problem.

Dimension 3: Die Fakten zum Problem

Auch in den Fakten eines Problems stecken verschiedene Lösungsansätze. Ein Beispiel: Nehmen wir an, dein Problem besteht darin, dass du immer zu wenig Geld hast und dass dein Dispositionskredit sich auch langsam dem Limit nähert. Was ist zu tun? Lass uns die Fakten sammeln, indem du dir einige Fragen stellst:

◇ Wie bekommt man Geldprobleme? (indem man mehr ausgibt, als man einnimmt)
◇ Wo verschwindet mein Geld eigentlich hin?
◇ Welche meiner Ausgaben sind notwendig und sinnvoll und welche nicht?
◇ Bei welchen Ausgabeposten hätte ich Einsparpotenzial?

In dieser Situation ist es sinnvoll, für einen Monat alle deine Ausgaben aufzuschreiben, um genau zu sehen, wo du zu viel Geld ausgibst. Aus diesen Daten ergeben sich dann faktische Möglichkeiten, um dein Problem zu lösen.

Du schaust also wie ein Wissenschaftler auf dein Problem und versuchst mit einer neugierigen Grundhaltung die Rahmendaten und die grundsätzlichen Fakten zu deiner Problemsituation zusammenzutragen. Sammle dazu Informationen zu allen relevanten Bereichen deines Problems. Um diese Bereiche zu finden, kannst du dich fragen: »Was spielt alles bei diesem Problem und der Problemlösung eine Rolle?« Sammle zu dieser Frage einfach Stichwörter und wandele diese dann in Fragen um.

Ein Beispiel: Du bist super-unzufrieden mit deinem Job und würdest ihn liebend gern wechseln, weil du gerade nur noch für deine Urlaube und das Wochenende lebst.

Brainstorme also eine Reihe von Stichwörtern, die bei deinem Problem eine Rolle spielen: Beruf: Arbeitgeber, Stärken, Vorlieben, Gehalt, Arbeitsort, Qualifikationen, Ausbildung, Vorgesetzer, Unternehmensziel, Kollegen, Aufgabe, Arbeitsmarkt. Daraus ergeben sich eine Reihe von Fragen, mit denen du die Fakten zu deiner Problemsituation sammeln kannst:

◇ Wie viel verdiene ich im Augenblick?
◇ Wie viel Geld brauche ich zum Leben?
◇ Kenne ich andere Arbeitgeber?
◇ Was genau macht mich an meinem Job unzufrieden?
◇ Was kann ich gut?
◇ Welche Qualifikationen werden gerade draußen gesucht?
◇ Was wünsche ich mir von meinem nächsten Job?
◇ Welche anderen Jobs könnte ich mit meiner Ausbildung machen?
◇ Wie groß wäre mein Wunschunternehmen?
◇ Zu welchen Veränderungen wäre ich bereit? (Umzug, Gehaltseinbuße, Weiterbildung)

Zu diesen Fragen sammelst du wieder die Antworten und auf Basis der Faktenlage kannst du dann deine Problemlösung planen. Manchmal ergibt sich aus einer Antwort schon direkt die Lösung.

Dimension 4: Welche Personen oder Organisationen sind am Problem beteiligt?

Oft hängen Probleme direkt mit bestimmten Menschen oder Organisationen zusammen. Und auch in dieser Dimension des Problems stecken Hinweise auf mögliche Lösungen. Frage dich dazu: »Wer ist alles an diesem Problem beteiligt? Und was sind die Ziele dieser Beteiligten in Bezug auf die anderen Beteiligten?«

Ein Beispiel: Du hast in letzter Zeit zu oft Streit mit deinem Partner und du willst das ändern. Also fragst du nach den Beteiligten und den Zielen der Beteiligten in Bezug auf die anderen Beteiligten.

Deine Antwort würde hier vielleicht lauten: »Beteiligt sind natürlich mein Partner und ich. Aber es geht auch oft um meinen Schwiegervater. Und um meinen Job.« Jetzt dröselst du die Ziele auf, die die Beteiligten deinem Gefühl nach jeweils in Bezug auf die anderen Beteiligten haben. Du fragst dich also:

◇ Was will ich von meinem Partner?
◇ Was will mein Partner von mir?
◇ Was will ich von meinem Schwiegervater?
◇ Was will mein Schwiegervater von mir?
◇ Was will mein Partner von meinem Arbeitgeber?
◇ Was will mein Arbeitgeber von meinem Partner?

Du machst dir somit das Beziehungsnetz aller Beteiligten klar. Wozu du übrigens die Beteiligten manchmal direkt fragen musst, wenn du dir über ihre Ziele im Unklaren bist. In der Klärung dieses Beziehungsnetzes liegen oft neue Erkenntnisse und Möglichkeiten, um das Problem zu lösen. Auch wenn du anfängst, mit den Beteiligten über ihre Ziele in der Beziehungskonstellation zu sprechen, können Erkenntnisse und Lösungen sichtbar werden. Und so kann dir Dimension 4 helfen, dein Problem zu lösen.

Dimension 5: Was sind die Ursachen des Problems?

Für viele Probleme gibt es eine Reihe von Ursachen und Ursachen der Ursachen, die du mal aufdröseln solltest, um dein Problem zu lösen.

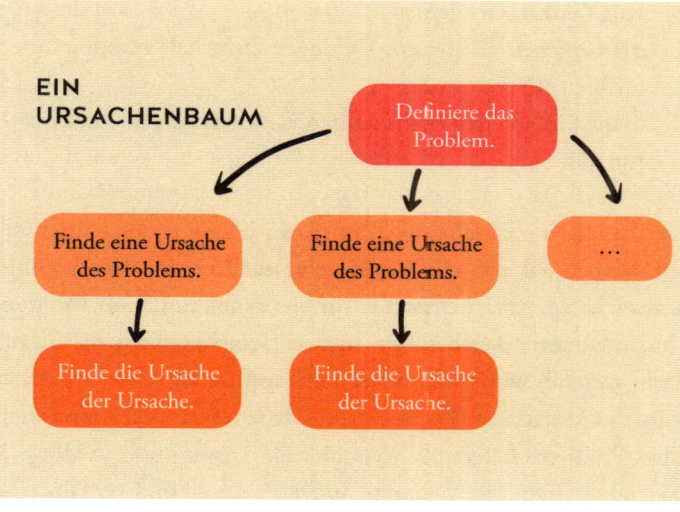

Ein Beispiel: »Ich bin zu dick.«

Ursache: »Ich esse zu viel.« Ursache der Ursache: »Ich tröste mich mit Essen.« Ursache der Ursache: »Ich brauche manchmal Trost und sehe keine anderen Möglichkeiten dazu.«

Ursache: »Ich habe oft Heißhunger.« Ursache der Ursache: »Mein Körper ist zuckersüchtig.«

Ursache: »Mir fehlt Disziplin, wenn es ums Essen geht.« Ursache der Ursache: »Ich habe nie gelernt, unangenehme Gefühle (Hunger) auszuhalten, ohne ihnen nachzugeben.«

Ursache: »Ich sehe mich als Dicker (Selbstbild).« Ursache der Ursache: »Ich war schon immer dick. Habe kein Bild, wie ich schlank aussehen würde.«

Ursache: »Unsere Schränke sind immer voll mit Süßigkeiten.« Ursache der Ursache: »Mein Partner kauft so viel davon ein.«

Indem du so einen Ursachenbaum für dein Problem konstruierst, findest du sehr viele Ansätze, um dein Problem zu lösen:

◇ weniger essen
◇ andere Möglichkeiten trainieren, um dich zu trösten
◇ von Zucker entwöhnen
◇ die Fähigkeit trainieren, Verlangen auszuhalten, ohne ihm nachzugeben
◇ keine Süßigkeiten mehr kaufen, sondern gesunde Lebensmittel

Das Forschen nach Ursachen führt sehr häufig zu Lösungsansätzen. Manchmal, bei sehr komplexen Situationen, ist es allerdings schwer, die genauen Ursachen für ein Problem herauszufinden. Und manchmal können wir an den Ursachen auch nichts ändern, weshalb wir dann andere Lösungsmechanismen einsetzen müssen. Aber das ist ja das Schöne. Jede der fünf Dimensionen eines Problems liefert Hinweise auf die Lösung und es gibt immer noch einen oder mehrere andere Lösungsansätze, falls eine Dimension nichts hergibt.

TECHNIK: AUF BESTEHENDE LÖSUNGEN ZURÜCKGREIFEN

Die wenigsten Probleme, mit denen wir zu tun haben, sind uns vollkommen neu. Häufig hatten wir das gleiche oder ein ähnliches Problem früher schon einmal. Wir müssen mit unserer Problemlösung daher selten im luftleeren Raum starten. Meist haben wir schon den einen oder anderen Lösungsversuch unternommen, um dem Problem beizukommen. Manche dieser Versuche waren erfolgreich und wir wenden sie auch heute noch an. Andere Ansätze waren zwar erfolgreich, sind aber irgendwie wieder eingeschlafen.

Was du jetzt tun kannst, um dir bei deinem aktuellen Problem zu helfen, ist, auf das zu schauen, was bereits funktioniert oder was einmal funktioniert hat. Oder du kannst auch schauen, wo du in anderen Lebensbereichen bereits Dinge tust, die dir bei diesem Problem helfen können.

Um auf diese Art von Lösungsansätzen zu kommen, hier wieder einige Fragen, die dir helfen, dein Problem aus der Welt zu schaffen:

◇ Was tue ich bereits erfolgreich, um mit meinem Problem umzugehen? Kann ich das stärken und ausbauen?

◇ Was hat bereits einmal geklappt, um mit diesem Problem umzugehen? Kann ich diesen Ansatz wieder aktivieren und besser verankern?

◇ Wo habe ich bereits ähnliche Probleme gelöst? Wie habe ich das getan? Kann ich diesen Ansatz auf mein bestehendes Problem anwenden?

TECHNIK: MEIN ANTEIL AM PROBLEM

Wenn wir ein Problem haben, dann neigen wir dazu, seine Ursache bei anderen zu suchen. »Wenn mein Mann doch nur ordentlicher wäre«, »Wenn meine Kollegin doch nur freundlicher wäre«, »Wenn die Politiker doch nur für mehr Gerechtigkeit sorgen würden«.

Wir haben ja schon darüber gesprochen, was Dimension 4 des Problems ist, wer also alles daran beteiligt ist. Einen Menschen unterschlagen wir bei diesen Überlegen allerdings oft: uns selbst. Denn wir selbst haben in den allermeisten Fällen auch einen Anteil am Problem. Das, was wir getan oder gesagt haben oder auch nicht gesagt und nicht getan haben.

Manchmal ist unser Anteil größer, manchmal kleiner, aber fast immer gibt es irgendetwas, was wir dazu beigetragen haben, um das Problem entstehen zu lassen. Vielleicht waren wir einmal ohne es zu merken unfreundlich zu dem Finanzbeamten, der uns ab dann auf dem Kieker hat. Vielleicht haben wir unseren Nachbarn durch irgendetwas unabsichtlich geärgert und nun verklagt er uns wegen einer Nichtigkeit.

Unseren Anteil als Mitursache des Problems auszuklammern, kann die Problemlösung sehr viel schwieriger machen. Denn vielleicht bestünde die Lösung einfach darin, dass wir unsere Mitverantwortung anerkennen und uns für unseren Teil entschuldigen oder einfach aufhören, auf unsere Art zum Problem beizutragen. Es lohnt sich daher, den eigenen Stolz herunterzuschlucken, sich die eigene Fehlbarkeit einzugestehen und sich dann die folgenden Fragen zu stellen. Aus den Antworten darauf ergeben sich oft neue Problemlösungsmöglichkeiten:

◇ Was habe ich getan, was zur Entstehung des Problems beigetragen hat?
◇ Was habe ich unterlassen, was zur Entstehung des Problems beigetragen hat?

GRUNDANSÄTZE DER PROBLEMLÖSUNG

Wenn du ein Problem lösen willst, gibt es grundsätzlich drei verschiedene Ansätze dafür: *Love it, leave it or change it!* Also liebe es, verlasse die Situation oder ändere etwas. Das sind die drei konstruktiven Arten, um mit einem Problem umzugehen:

1. Liebe es

Du kannst deine Einstellung zum Problem verändern, sodass du sagen kannst: »Was ich vorher als Problem angesehen habe, ist keines mehr, weil das Problem nur in meinem Kopf existiert hat.« Du veränderst also innerlich die Bedeutung der Problemsituation (siehe das 6. Prinzip) und damit deine Einstellung zum Problem. Mehr ist es nicht. Zum Beispiel: »Die problematische Situation ist jetzt eine Möglichkeit für mich, zu wachsen und als Mensch stärker zu werden.«

Die ultimative Problemweiche ist denkbar einfach. Sie lautet: »Love it, leave or change it!«

Oder: »Die problematische Situation entsteht nur durch meine hohen, unrealistischen Erwartungen. Ich lasse meine Erwartungen los, dann verschwindet auch das Problem.«

2. Verlasse die Situation

Du kannst das Problem auch dadurch lösen, dass du die problematische Situation verlässt. Kündige. Beende die Beziehung. Ziehe aus. Ziehe weg. Vermeide den Kontakt. Gehe dem Problem so gut es geht aus dem Weg. Diese Art der Problemlösung ist dann sinnvoll, wenn das Problem extrem verfahren ist.

Oft entstehen durch das Verlassen der Problemsituation nach einer Weile ein gesunder Abstand und eine neue Sicht auf die Dinge, die dir dann dabei helfen, auch das Problem als solches später noch zu lösen. Aber dafür ist vorher ein gehöriger Abstand oft dringend nötig.

3. Ändere deine Umstände und dich selbst

Du kannst dein Problem auch dadurch lösen, dass du aktiv handelst. Informiere dich über dein Problem und rede und verhandele mit den Beteiligten oder organisiere deinen Alltag so um, dass die Auslöser des Problems nicht mehr auftreten. Du kannst dir auch Hilfe bei Freunden, Kollegen, Hilfsorganisationen, beim Gericht, bei der Polizei, bei Beratern und Dienstleistern suchen, wenn das sinnvoll oder nötig ist. Du kannst dazulernen und Fähigkeiten und Methoden trainieren, die bei der Lösung oder Bewältigung deines Problems nützlich sind. Und schließlich kannst du einen Plan entwerfen und dein Problem aktiv angehen. Dann experimentierst du so lange mit verschiedenen Ansätzen, bis dein Problem gelöst ist.

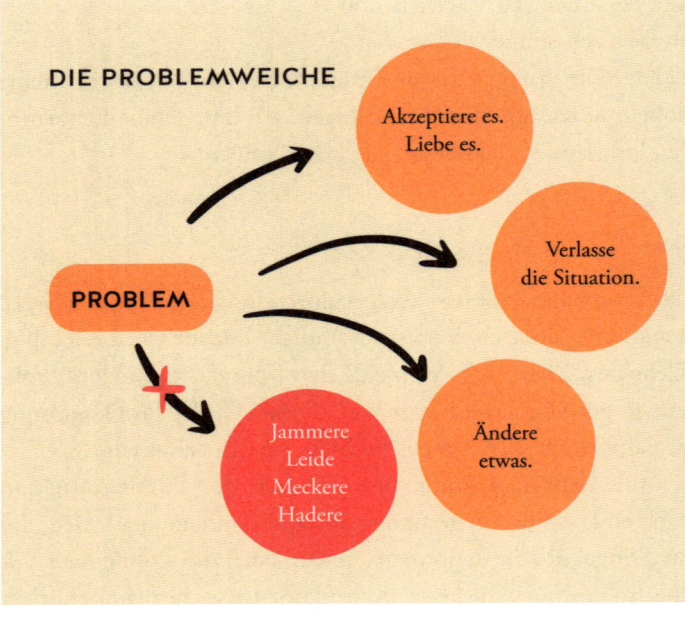

TECHNIK: DEIN PROBLEMLÖSUNGSPLAN

Jetzt hast du sehr viele Ideen kennengelernt, wie du ein Problem zum Verschwinden bringen kannst. Abschließend findest du hier sechs zentrale Fragen, die alle Ansätze dieses Kapitels auf den Punkt bringen. Nutze sie, um die Lösung deines Problems systematisch und gründlich zu durchdenken und einen Plan zu entwerfen, wie du es angehen willst. Am besten machst du diesen Schritt schriftlich. Das hilft dir, deine Gedanken zu strukturieren und Ideen wirklich auf den Punkt zu bringen.

Außerdem bekommt dein Plan so eine größere Verbindlichkeit. Ach ja, und du kennst ja den Spruch: Wer schreibt, der bleibt.

Wenn du deinen Plan schriftlich festhältst, kannst du dich auch in einer Woche noch an seine einzelnen Schritte erinnern. Hier also die Fragen, anhand derer du deinen Plan entwerfen kannst:

Frage 1: Was genau will ich anstelle des Problems?

Beschreibe genau, was du haben willst. Vermeide in deinen Formulierungen die Wörter »nicht« und »ohne«. Male dir aus, wie es werden soll, wenn das Problem sich auf beste Art und Weise aufgelöst oder zumindest abgemildert hat.

Frage 2: Was soll mein grundsätzlicher Ansatz sein, um mein Problem zu lösen?

Will ich mein Problem akzeptieren oder sogar versuchen es zu lieben? Will ich die problematische Situation eher verlassen oder will ich aktive Maßnahmen einleiten, um mein Problem anzugehen und es zu beseitigen?

Denk daran, die Devise lautet: *Love it, leave it or change it!* Entscheide dich, welcher grundsätzliche Ansatz für dein Problem am geeignetsten ist. Natürlich kannst du deine Entscheidung jederzeit korrigieren, wenn das sinnvoll erscheint.

Frage 3: In welcher Dimension meines Problems steckt wahrscheinlich am ehesten die Lösung?

Es kann sinnvoll sein, deine Erwartungen zu korrigieren, falls sie zu hoch oder unrealistisch sind (Dimension 1). Vielleicht kannst du dem Auslöser des Problems auch ausweichen und es dadurch lösen (Dimension 2). Oder du musst erst noch mehr Fakten und Daten zu deiner Problemsituation finden, bevor du dich an die Lösung machst (Dimension 3). Möglicherweise musst du mit bestimmten Personen oder Institutionen reden und verhandeln, um das Problem zu lösen (Dimension 4). Willst du das Problem lösen, indem du seine Ursache, also die Quelle des Problems beseitigst (Dimension 5)? Indem du die Dimensionen deines Problems so durchdenkst, kommst du oft zu guten Lösungen.

Frage 4: Kann ich auf bestehende Lösungen und Ressourcen zurückgreifen?

Hier wäre zu überlegen, ob du dein Problem in einem anderen Umfeld oder einer anderen Situation schon einmal gelöst hast, sodass du diese Problemlösung auch in deiner jetzigen Situation anwenden kannst. Oder vielleicht kennst du andere Menschen, die gleichartige Probleme schon einmal erfolgreich bewältigt haben? Kannst du ihre Lösung vielleicht kopieren und auf deine Situation anpassen? Gut ist auch, zu überlegen, wo deine größten Stärken, Fähigkeiten und Talente liegen und wie du diese Ressourcen für die Lösung deines Problems nutzen kannst.

Mit solchen Überlegungen kannst du die Ressourcen aktivieren, die du bisher vielleicht noch nicht auf dem Schirm hattest.

Frage 5: Was ist mein Anteil an der Situation?

Es ist wichtig, dass du dir darüber im Klaren bist, was dein Anteil an der problematischen Situation ist. Dafür brauchst du einen selbstkritischen, demütigen, neugierigen und offenen Blick und so viel Ehrlichkeit, dass du klar sagen kannst, was du selbst getan oder unterlassen hast, um das Problem entstehen zu lassen.

Und die Sache geht ja noch weiter: Was tust oder unterlässt du im Augenblick noch, um das Problem stabil zu halten? Nachdem du deinen Anteil an einer kniffeligen Situation reflektiert hast, finde heraus, was du tun könnest, um ihn abzuschwächen oder, das, was möglich ist, wiedergutzumachen. Mit wem solltest du reden, bei wem könntest du dich entschuldigen? Vielleicht gibt es etwas, das du zugeben könntest, das dann die Spannung aus der Situation herausnehmen würde?

Mit Überlegungen dieser Art kommst du oft auf Lösungsansätze, die du vorher aus Stolz oder aus Selbstschutz nicht sehen konntest. Ja, unser Ego ist ein mistiges Ding, manchmal.

Frage 6: Was muss ich tun, um das Problem aus der Welt zu schaffen oder abzuschwächen?

Probleme lösen sich manchmal von allein. Meistens aber nicht. Sie verschwinden erst, wenn du etwas tust. Wenn du handelst. Daher ist es wichtig, dass du dir darüber im Klaren bist, was du tun musst, um das Problem aus der Welt zu schaffen oder zumindest abzuschwächen. Welche Schritte wirst du gehen? Welche Informationen musst du dir besorgen? Gibt es Fragen, die du dafür noch beantworten musst? Vielleicht musst du jemanden anrufen, um etwas genau zu klären. Vielleicht musst du versuchen, jemanden von etwas zu überzeugen. Überlege dir, wie du vorgehen und wen du um Hilfe bitten kannst.

Erfahrene Problemlöser haben häufig eine Liste mit den 5 bis 10 nächsten Problemen, die sie in ihrem Leben lösen wollen. Oft sortiert nach Wichtigkeit.

Wenn du mit einer anderen Person noch etwas klären musst, ist die innere Haltung wichtig, mit der du in das Gespräch gehst, damit es für euch beide erfolgreich verläuft. Was genau wirst du sagen und wie wirst du es rüberbringen?

Auch wichtig ist, immer im Blick zu behalten, was die zentralen Schritte sind, die wahrscheinlich entscheiden werden, ob du mit deiner Problemlösung erfolgreich sein wirst, denn diese gilt es dann natürlich zuerst zu erledigen.

Beleuchte das Problem von allen Seiten

Überlege dir also all diese Aspekte, beantworte all diese Fragen und formuliere so einen Plan für dein Vorgehen, um dein Problem Schritt für Schritt zu lösen.

Oft braucht es auch mehrere Durchgänge, in denen du die Schritte des Problemlösungsplans wiederholt durchgehst. Denn nicht selten gewinnst du während dieses Prozesses Ideen und Hinweise, die du bei einem vorangehenden Schritt miteinbringen kannst, weshalb du also noch einmal zurückspringen musst. Sehr oft verändert sich auch im Durchdenken eines Problems dein Ziel, also das, was du anstelle des Problems willst. Das ist vollkommen normal und in Ordnung. Die Schritte deines Problemlösungsplans bieten dir ein Rahmenwerk, um dein Problem von allen Seiten zu beleuchten. Aber es ist natürlich absolut okay, den Lösungsprozess auf deine Situation und auf deine Bedürfnisse hin abzuändern.

Noch ein Tipp: Im letzten Schritt deines Problemlöseplans entwickelst du Aufgaben, die du angehen kannst, um dein Problem zu lösen. Und hier gilt: Die Aufgaben, vor denen wir am meisten Angst haben oder die uns unangenehm sind, das sind meistens die, die am wichtigsten für die Lösung unseres Problems sind. Daher solltest du immer, wenn du den Impuls verspürst, eine Aufgabe auf später zu verschieben, deine Achtsamkeit einschalten und zu dir selbst sagen: »Oha, diese Aufgabe sollte ich als Erstes erledigen, weil sie wahrscheinlich am meisten zur Lösung des Problems beiträgt.«

MENTALES TRAINING:
PROBLEME WILLKOMMEN HEISSEN

Stell dir vor… du gehörst zu den Menschen, die ihre Probleme lösen.

Weil du das wichtig findest. Weil du weißt, dass nichts besser wird, wenn du den Kopf einziehst und hoffst, dass die Probleme von allein verschwinden.

Dabei gehst du natürlich klug vor. Du prüfst zuerst, ob ein Problem durch eine zu hohe Erwartung entstanden ist oder ob es ein reales Problem ist, das du aktiv und kraftvoll aus der Welt schaffen solltest.

Denn du bist ein Mensch, der agiert, statt zu reagieren. Du schaust deinen Problemen in die Augen. Du lachst ihnen ins Gesicht. Du stellst dich der Sache. Du akzeptierst, dass du ein Problem hast. Du denkst gründlich über deine Situation nach und dann planst du, wie du damit umgehen wirst. Wie du das Problem abschwächen oder aus der Welt schaffen kannst. Denn du lässt dir dein Leben nicht von Schwierigkeiten diktieren. Probleme sind dazu da, gelöst zu werden. Außerdem genießt du es, die Kraft zu spüren, die von dieser Haltung ausgeht. Weil du weißt, dass du mit nahezu allem umgehen kannst, was das Leben dir vor die Füße wirft.

Du spürst dieses Vertrauen in dich und in deine Fähigkeiten. Besonders in deine Fähigkeiten, deine Probleme aktiv und selbstbestimmt aus der Welt zu schaffen. Und das ist ein ganz wunderbares, erhebendes Gefühl.

FORMULIERE IMPLEMENTATION INTENTIONS UND ÜBE MENTAL

◇ WENN ich über längere Zeit Unzufriedenheit spüre, DANN wende ich die Technik »Problemversteher« an, um mir über meine Stimmung klar zu werden.

◇ WENN ich mir über ein Problem bewusstgeworden bin, DANN sage ich mir: »Probleme sind Herausforderungen für meine Stärke, Intelligenz und meine Fähigkeiten.«

◇ WENN ich merke, dass ich vor einem Schritt bei der Problemlösung zurückschrecke, DANN mache ich mir klar, dass dieser Schritt wahrscheinlich der wichtigste ist.

FALLBEISPIELE FÜR SCHWIERIGE SITUATIONEN

So. Nun hast du die 10 großen Prinzipien und viele, viele Techniken kennengelernt, die verhindern, dass du durchdrehst. Jetzt lass uns durchspielen, wie du diese Prinzipien und Techniken in der richtigen Welt anwendest, wenn du in mehr oder weniger schwierigen Situationen steckst. Los geht es.

UNFREUNDLICHKEIT

Die Situation ist die Folgende: Du kommst ins Büro und schmetterst ein fröhliches Guten Morgen in den Raum. Doch statt den Gruß zu erwidern, macht dein Kollege eine richtig hässliche Bemerkung. Autsch! Zum Glück hast du dich unter Kontrolle und nutzt die Ideen aus dem Buch hier.

Also: Wie wendest du jetzt die Techniken zu den 10 großen Grundprinzipien, um nicht durchzudrehen, auf diese Situation an?

1. PRINZIP: KONZENTRIERE DICH AUF DAS, WAS DU BEEINFLUSSEN KANNST

Stell dir zu Beginn eine Reihe von Fragen: Kannst du die Laune deines Kollegen kontrollieren? Nein, nicht im Entferntesten.

Kannst du den spontan in dir aufsteigenden Ärger kontrollieren? Leider nein.

Kannst du deine Gedanken kontrollieren, die gerade eine wüste Retourkutsche formulieren? Nein, auch das kannst du nicht.

Kannst du deine Reaktion auf die Unfreundlichkeit deines Kollegen kontrollieren? Endlich! Ja, das kannst du.

Nun überlege dir, was hier eine vernünftige und angemessene Reaktion wäre, die dein Leben und das aller Beteiligten besser machen würde. Meine Empfehlung wäre: Du registrierst deinen Ärger, schluckst deine pampige Erwiderung hinunter und nimmst dir vor, später ganz in Ruhe mit deinem Kollegen zu reden. Weil du vernünftig bist und weil du deine Umstände kontrollierst – und nicht umgekehrt.

4. PRINZIP: SIEH DIE WELT, WIE SIE IST

Es ist ja so: Menschen sind manchmal unfreundlich. Vermutlich bist du auch hin und wieder nicht so nett, zum Beispiel, wenn du gestresst bist, wenn du schlecht geschlafen hast oder wenn dir irgendetwas Sorgen bereitet. Aber genauso bist du bestimmt auch oft sehr freundlich und gütig. So wie dein Kollege vermutlich auch. Sieh die Welt mit all ihren schlechten und guten Seiten. Das hilft dir, entspannter mit den doofen Momenten umzugehen.

5. PRINZIP: SCHAUE AUF DIE GUTEN DINGE IN DEINEM LEBEN

Wenn dein Kollege dich anmault, könntest du dir einsdreifix mal ein paar Dinge bewusstmachen, für die du auf deiner Arbeit dankbar bist. Als Herausforderung könntest du vielleicht sogar ein paar Dinge suchen, für die du deinem Kollegen dankbar bist. Aber das ist was für Fortgeschrittene.

Indem du auf die guten Dinge schaust, kannst du die Nickeligkeiten des Alltags besser ertragen.

6. PRINZIP: WÄHLE WEISE, WELCHE BEDEUTUNGEN DU DEN DINGEN GIBST

Was bedeutet es, wenn dein Kollege unfreundlich zu dir ist? Hast du etwas falsch gemacht? Ist er neidisch auf dich? Hat er einen schlechten Tag? Ist er einfach grundsätzlich ein Miesepeter?

Es gibt viele Erklärungen für das Verhalten deines Kollegen. Vielleicht sagt er dir, was dahintersteckt, vielleicht sagt er es nicht. Vielleicht erfindet er auch eine Geschichte, die seine wahren Motive verschleiert. Gut möglich, dass du seine echten Beweggründe nie erfahren wirst. Also wähle eine Bedeutung für die Situation, die am besten für dich ist. Sage dir so etwas wie: »Wenn jemand unfreundlich zu mir ist, hat das meist nichts mit mir zu tun. Jeder hat mal einen schlechten Tag.«

7. PRINZIP: NIMM DEINE GEDANKEN UND GEFÜHLE NICHT ZU ERNST

Niemand wird gerne angemault. Die meisten von uns werden als Reaktion darauf Ärger, Enttäuschung, Irritation oder Anspannung spüren. Das ist normal und du solltest dir solche Gefühle nicht verbieten. Du solltest sie aber auch nicht zu ernst nehmen. Denk daran: Die meisten Gefühle verschwinden wieder, wenn du ihnen keine zu große Bedeutung beimisst.

Nimm deine Gefühle wahr. Sage ihnen Hallo. Und lass sie dann wieder ziehen.

10. PRINZIP: LÖSE DEINE PROBLEME

Wenn dein Kollege dich einmal morgens anranzt, ist das ja keine große Sache. Aber wenn er das jeden Tag macht, kann dir das schon an die Substanz gehen. Falls dich die Sache trotz der Anwendung der Prinzipien belastet, dann hast du ein Problem. Und Probleme sind bekanntlich dazu da, gelöst zu werden.

Also suchst du das Gespräch mit deinem Kollegen oder du redest mit deinem Vorgesetzten oder du schaltest den Betriebsrat ein – tu alles, was notwendig ist, um dein Problem zu lösen. Denn wenn du nicht durchdrehen willst, löst du deine Probleme.

NICHT EINGEHALTENE ZUSAGEN

Deine Partnerin hat dir hoch und heilig versprochen, dass sie diese eine Sache (du weißt schon) bis zum Monatsende endlich erledigen wird. Und, hat sie es gemacht? Nein, wieder nicht.

Du bist echt sauer und enttäuscht. Wie gehst du jetzt gut damit um, damit du nicht durchdrehst?

1. PRINZIP: KONZENTRIERE DICH AUF DAS, WAS DU BEEINFLUSSEN KANNST

Also ... liegt das Verhalten deiner Partnerin in deinem Einflussbereich? Ihr Aufschieben? Das was sie tut, statt diese Sache zu erledigen? Das, was ihr wirklich wichtig ist? Wohl eher nicht.

Konzentriere dich daher lieber darauf, was du unter Kontrolle hast und wo du etwas bewirken kannst. Du kannst sie zum Beispiel bitten, die Sache zu erledigen. Du kannst ihr gut zureden und du kannst sie immer wieder daran erinnern.

Wenn das alles nicht hilft, kannst du dich entscheiden, ob es sich hier zu kämpfen lohnt. Dann kannst du noch einmal das Gespräch mit deiner Partnerin suchen, ihr Konsequenzen androhen und diese dann auch wahrmachen. Oder du erledigst die Sache selbst, wenn das möglich ist. Vielleicht kannst du auch eine Bekannte fragen, ob sie dir helfen kann, oder einen Dienstleister damit beauftragen. Das sind deine Möglichkeiten. Rege dich nicht über deine Partnerin auf, sondern tue, was du tun kannst, dann drehst du auch nicht durch.

2. PRINZIP: VERMEIDE ÜBERLASTUNG

Wenn diese eine unerledigte Sache deiner Partnerin nur eine von vielen ist, die sie nicht erledigt, kann das auf deiner Seite schnell zur Überlastung führen. Weil du dann womöglich viele ihrer Arbeiten mit erledigen musst. Deswegen ist es wichtig, dass du hier genau aufpasst, dass die Last der Welt nicht allein auf deinen Schultern liegt.

Reflektiere immer wieder, ob deine Aufgabenlast bewältigbar ist, indem du zum Beispiel ein Stressjournal führst (Seite 119) und indem du deine Stressformel ergründest (Seite 115). Und nutze die Hinweise auf Seite 23, wie du deine Last verringern kannst.

4. PRINZIP: SIEH DIE WELT, WIE SIE IST

»Meine Partnerin sollte die Dinge nicht aufschieben, schließlich ist sie ein erwachsener Mensch.« Schiebst du auch manchmal unangenehme Dinge auf? In dem Augenblick, wo du die Welt siehst, wie sie ist, kannst du aufhören zu kämpfen. Du konzentrierst dich weniger auf das, was nicht sein darf, und mehr auf das, was du erreichen willst. Du wirst also handlungsorientierter und konstruktiver. Was dir ja dabei hilft, nicht durchzudrehen.

5. PRINZIP: SCHAUE AUF DIE GUTEN DINGE IN DEINEM LEBEN

Wenn du dich richtig über deine Partnerin geärgert hast, dann hilft es dir, dich mal kurz an ihre guten Seiten zu erinnern. Denn davon wird sie ja vermutlich eine ganze Menge haben, sonst wäre sie wohl nicht deine Partnerin. Mache eine Liste mit ihren Vorzügen, Stärken und netten Charaktereigenschaften und dein Ärger wird schnell verflogen sein.

7. PRINZIP: NIMM DEINE GEFÜHLE UND GEDANKEN NICHT ZU ERNST

Ja, du ärgerst dich über deine Partnerin. Du bist frustriert. Du bist enttäuscht. Das sind normale Gefühle. Erlaube dir, diese Gefühle zu fühlen. Aber dann lass die Gefühle ziehen und wende dich wieder dem zu, was du tun kannst, um die Sache aus der Welt zu schaffen.

8. PRINZIP: DAS WAHRE GLÜCK FINDET JETZT STATT

Manchmal hilft es in so einer Situation auch, sich ein paar Fragen zu stellen: »Welche Bedeutung wird diese kleine Sache, die meine Partnerin wieder nicht erledigt hat, in zehn Jahren noch haben? Hängt unser zukünftiges Glück davon ab? Hängt mein heutiges Glück davon ab?« Oft müssen wir bei solchen Fragen grinsen und können die Sache einfach auf sich beruhen lassen. Oder wir finden danach alternative Lösungsmöglichkeiten, auf die wir vorher nicht gekommen wären.

10. PRINZIP: LÖSE DEINE PROBLEME

Wenn das Ganze ein Dauerstress-Thema zwischen deiner Partnerin und dir ist, dann ist die Sache ein Problem. Also investiere deine Energie darein, eine langfristige Lösung für diese Sache zu finden. Frage dich: »Was müsste ich tun, damit diese Sache niemals mehr Ärger verursacht?«

Wenn die Sache wirklich ein Problem ist, dann löse es. Nutze dazu die Problemlösungstechniken ab Seite 184. Denn Probleme sind nun einmal zum Lösen da. Ansonsten bleib entspannt und schaue lieber auf die guten Dinge in deinem Leben.

BETRUG

Du hast etwas im Internet bestellt. Der Preis war echt gut. Du hast bezahlt. Aber die Ware kommt nicht. Deine E-Mails an den Händler kommen als unzustellbar zurück und die Seite, auf der du bestellt hast, ist auch nicht mehr da. Kurz gesagt: Du wurdest abgezockt und 200 Euro sind flöten. Du gehst zur Polizei, doch die macht dir keine Hoffnungen. Wie gehst du damit um?

1. PRINZIP: KONZENTRIERE DICH AUF DAS, WAS DU BEEINFLUSSEN KANNST

Du kannst dich jetzt über den Betrüger aufregen, aber sein Verhalten kannst du natürlich in keiner Weise beeinflussen. Du kannst dich über die Unfähigkeit der Polizei aufregen, doch deren Ermittlungstaktiken sind auch jenseits deines Einflussbereichs. Es gibt genau zwei Dinge, auf die du Einfluss hast: erstens, wie du darauf reagierst, und zweitens, was du aus der Erfahrung lernst.

4. PRINZIP: SIEH DIE WELT, WIE SIE IST

Du denkst jetzt vielleicht: »Das Internet ist eine Räuberhöhle voller Verbrecher.« Was natürlich Quatsch ist. Klar, es gibt Betrüger, aber die allermeisten Menschen und Betriebe halten sich an die Gesetze und handeln ethisch-moralisch einwandfrei. Die Welt ist nicht nur gut oder nur schlecht. Sie ist beides. Und du selbst kannst den Punktestand ein bisschen auf die gute Seite schieben, indem du dich im Leben richtig verhältst.

5. PRINZIP: SCHAUE AUF DIE GUTEN DINGE IN DEINEM LEBEN

Ja, natürlich, niemand will betrogen werden. Aber vermutlich hast du trotzdem ein gutes und glückliches Leben. Deswegen schaue auf die guten Dinge in deinem Leben und in dieser Episode. Denn du kannst daraus lernen, dass zu gute Angebote oft nicht echt sind und du zweimal hinschauen solltest.

6. PRINZIP: WÄHLE WEISE DIE BEDEUTUNGEN, DIE DU DEN DINGEN GIBST

Was bedeutet es, dass du im Internet auf einen Betrüger hereingefallen bist? Bist du einfach zu gutgläubig und doof? Passiert dir sowas immer? Hast du es nicht besser verdient? Oder hattest du einfach einen schlechten Tag und sowas kann jedem passieren?

Vielleicht war das jetzt einfach eine schmerzhafte, aber nützliche Lernerfahrung, aus der du gestärkt und ein bisschen klüger hervorgehst. Du bestimmst, was die Dinge für dich bedeuten. Wähle die Bedeutung, die gut und nützlich für dich ist.

7. PRINZIP: NIMM DEINE GEFÜHLE UND GEDANKEN NICHT ZU ERNST

Natürlich, die ganze Sache ist ärgerlich. Aber wenn du ehrlich bist, steckt in jedem solcher Missgeschicke auch etwas Lustiges. Also nimm deinen Ärger nicht so ernst und lache über deine kurze Unzurechnungsfähigkeit.

TRENNUNG

Nehmen wir an, du hast einen Partner und der hat die Nase voll von dir. Er zieht aus. Heftiger Schlag in die Magengrube. Wirklich keine schöne Vorstellung. Eine Trennung ist eine der schlimmsten Belastungen für die eigene Seele und bringt einen schnell dazu, für eine Zeit lang durchzudrehen.

Dennoch passieren Trennungen jeden Tag. Und der kluge Mensch bereitet sich gedanklich darauf vor, was ihm passieren kann. Lass uns also einmal durchspielen, wie du die 10 großen Prinzipien aus dem Buch hier anwenden würdest.

1. PRINZIP: KONZENTRIERE DICH AUF DAS, WAS DU BEEINFLUSSEN KANNST

Auch wenn es in so einer Situation nur schwer zu ertragen ist: Das Verhalten und Denken deines Partners kannst du nicht steuern. Du kannst in so einer Situation auch nicht steuern, was du selbst fühlst und was du denkst. Eine Trennung ist eine Extremsituation, in der extreme Gefühle hochkommen. Wut, Ängste, Sorgen, Enttäuschung, verletztes Selbstwertgefühl. Darauf reagiert unsere Seele auch mit extremen Gedanken: Mit Zweifeln, Hoffnungen, Schuldzuweisungen oder Rachefantasien.

In so einer Situation kannst du in keiner Weise kontrollieren, ob diese Gedanken und Gefühle in dir hochkommen oder nicht. Du kannst nur beeinflussen, wie du auf sie reagierst, wenn sie denn da sind. Und zwar, indem du dich selbst beruhigst. Indem du dir sagst, dass deine Gefühle und Gedanken normal sind und dass sie irgendwann wieder verschwinden werden.

Es hilft, wenn du dir in so einer Situation wieder und wieder selbst erklärst, dass du gerade in einer emotionalen Ausnahmesituation bist und dass alles, was du fühlst und denkst, da sein darf. Deinen Gefühlen und Gedanken, so schmerzlich sie auch sind, solltest du keine zu große Bedeutung beimessen (siehe auch das 7. Prinzip ab Seite 61).

Deine wichtigste Aufgabe besteht jetzt darin, bei dir selbst und handlungsfähig zu bleiben, damit du deine Möglichkeiten nutzen kannst. Damit du das tun kannst, was du unter Kontrolle hast. Denn es gibt ja einiges, was in deinem Einflussbereich liegt:

◇ Falls dir weiterhin etwas an deinem Partner liegt, kannst du dich bemühen trotz der Verletzungen freundlich zu kommunizieren.

◇ Du kannst versuchen, die Sache mit deinem Partner wieder einzurenken.

◇ Wenn Kinder mit im Spiel sind, kannst du alles dafür tun, die Situation für die Kinder weniger schlimm zu machen.

◇ Vielleicht musst du dir Beratung organisieren, damit die Verteilung der Werte bei der Trennung fair abläuft.

Frage dich wieder und wieder: Was liegt in dieser Situation in meiner Hand und was nicht? Und weigere dich standhaft, dich zu sehr mit Dingen zu beschäftigen, die jenseits deines Einflusses liegen. Das sind insbesondere:

◇ das Verhalten deines Partners
◇ die Beweggründe deines Partners
◇ die Gefühle deines Partners oder
◇ die Gedanken deines Partners

Wenn du dich dabei erwischst, wie du Schmerz spürst, erlaube dir diesen Schmerz und rede beruhigend und tröstend mit dir selbst. Sage zu dir: »Das ist normal in dieser Situation.« »Ich erlaube mir diese Gefühle.« »Das geht irgendwann vorbei.«

Gut möglich, dass du in dieser Situation eher wenig hilfreiche Gedanken denkst, so was wie: »Was hat der oder die andere, was ich nicht habe?« »Bin ich denn nicht liebenswert?« »Ich werde nie mehr einen Partner finden!« »Das wird er oder sie noch bitter bereuen, jetzt werde ich andere Saiten aufziehen.« Wenn dir solche Sachen durch den Kopf gehen, dann setze ihnen etwas entgegen. Sage dann zu dir:

◇ Diese Gedanken bringen nichts, damit mache ich den Schmerz nur größer.
◇ Stopp. Ich will nicht noch Öl ins Feuer gießen.
◇ Wenn ich ihm jetzt etwas heimzahlen will, wird sich das später rächen.
◇ Es ist jetzt vor allem wichtig, meine Interessen zu vertreten und gut für mich zu sorgen.
◇ Und es ist auch wichtig, jetzt fair zu bleiben.

Konzentriere dich also wieder und wieder auf das, was du beeinflussen kannst, und weigere dich, dich mit Dingen zu beschäftigen, die jenseits deiner Kontrolle sind und die dich nichts mehr angehen.

4. PRINZIP: SIEH DIE WELT, WIE SIE IST

In einer Trennungsphase sehen wir die Dinge oft extrem. Wir denken dann vielleicht, der Partner sei der schlechteste, fieseste, unmoralischste Mensch der Welt, und fragen uns, wie wir das vorher bloß haben übersehen können. Wir denken das, um unseren eigenen Schmerz kleiner zu machen. Um uns im

Recht zu fühlen. Wir machen den anderen in Gedanken unattraktiver, böser und mieser, um uns besser zu fühlen. Doch das funktioniert in der Regel nicht. Im Gegenteil, es führt eher dazu, dass wir Dinge tun, die wir hinterher bereuen. Deswegen hilft es auch in dieser Extremsituation, die Welt so zu sehen, wie sie ist.

Auch dein Ex-Partner ist nur ein Mensch, der sein Bestes gibt. Er hat seine Gründe. So wie du dein Bestes gibst und deine Gründe für dein Verhalten hast.

Menschen sind meistens nicht böse. Wenn sie dumme Dinge tun, dann eher, weil sie verletzt sind oder achtlos. Aber selten aus wirklich bösem Willen. Wenn wir dem Ex-Partner allerdings die ganze Zeit Böses unterstellen, dann ist das oft der Beginn eines Rosenkriegs, wo eines zum anderen führt und am Ende alle als Verlierer dastehen.

Deswegen ist es so wichtig, trotz aller Verletzung und Verunsicherung den anderen so zu sehen, wie er ist: als fehlerhaften, oft irrationalen Menschen, der für sein Verhalten Gründe hat.

5. PRINZIP: SCHAUE AUF DIE GUTEN DINGE IN DEINEM LEBEN

In einer emotionalen Ausnahmesituation wie einer Trennung konzentrieren wir uns mit unserem Bewusstsein in erster Linie auf unsere Verletzungen und Unsicherheiten. Das ist normal.

Was dir in dieser Situation sehr hilft, ist dich wieder und wieder auf die guten Dinge in deinem Leben zu besinnen. Einfach, um ein Gegengewicht in deiner Seele zu schaffen. Und ja, das fällt in so einer Situation schwer. Da muss man sich richtig anstrengen. Aber es hilft, wenn du dich fragst, was trotz allem in deinem Leben noch gut und richtig ist.

6. PRINZIP: WÄHLE WEISE DIE BEDEUTUNGEN, DIE DU DEN DINGEN GIBST

In einer Trennung fangen wir an, die interessantesten Bedeutungen zu erfinden, um uns unsere neue Situation zu erklären. Denn unsere Welt hat sich stark verändert und wir versuchen dann oft durch teilweise abstruse Bedeutungen, die wir Dingen oder Situationen geben, unsere Welt wieder zu verstehen und Sicherheit zu gewinnen. Typische, wenig hilfreiche Bedeutungen, die wir in Trennungssituationen konstruieren, sind:

◇ Mein Partner ist (von nun an) ein komplettes Arschloch und ich wundere mich über mich selbst, dass ich das nicht früher erkannt habe.
◇ Jetzt bin ich ganz auf mich gestellt und jetzt zählen nur noch ich und meine Interessen.
◇ Wenn du nicht mein Partner mehr bist, dann bist du jetzt mein Feind.
◇ Mein Partner hat mir Schmerz zugefügt und jetzt soll auch er leiden.

Und diese Bedeutungen sind ja nicht dazu geeignet, dass du irgendwann wieder ein normales Verhältnis zu deinem Partner haben kannst. Was wegen der Kinder oder wegen gemeinsamer Freunde ja praktisch wäre.

Deswegen ist es wichtig, dir in dieser Situation die Bedeutungen klarzumachen, die du der Trennung, der Situation und die du deinem Partner gibst. Um diese dann mit den entsprechenden Techniken zu untersuchen und in nützlichere Bedeutungen zu verwandeln.

So etwas wie:

◇ Mein Ex-Partner ist auch nur ein Mensch, der wie ich auch seine Macken hat und der das alles nicht böse meint.

◇ Menschen trennen sich, wenn sie nicht mehr zusammen-passen. Das ist normal. Das bedeutet nicht, dass ich nicht liebenswert oder fehlerhaft bin. Ich werde wieder jemanden finden, zu dem ich gut passe und der gut zu mir passt.

◇ Es ist in Ordnung meine Interessen zu vertreten. Aber es nützt niemandem etwas, wenn ich meinem Ex-Partner jetzt an jeder Stelle sein Leben schwermache.

Erkenne und kontrolliere deine Bedeutungen, damit machst du deine Situation so viel besser.

7. PRINZIP: NIMM DEINE GEFÜHLE UND GEDANKEN NICHT ZU ERNST

Eine Trennung ist meistens eine extreme Situation, die uns in extreme Gefühle stürzt und extreme Gedanken hervorbringt. Und es ist es schwer, das eigene Innenleben nicht zu ernst zu nehmen, wenn es mit so einer Gewalt über uns drüber rollt. Was du hier machen kannst, ist wieder und wieder zu dir selbst zu sagen:

◇ Ich fühle die Wut, ich fühle den Schmerz, ich fühle die Verunsicherung.

◇ Ich bin komplett durcheinander.

◇ Was ich fühle, ist normal.

◇ Ich akzeptiere, dass ich fühle, was ich fühle.

◇ Mit der Zeit werden diese Gefühle kleiner und kleiner werden und irgendwann werde ich mich wieder ruhig und gut fühlen.

Schau auf deine Gefühle, sieh und spüre sie. Aber lass dich nicht zu sehr von ihnen entführen. Bleibe achtsam. Und betäube dich nicht. Bleibe bei dir.

Und das Allerwichtigste: Triff in dieser Ausnahmesituation möglichst keine großen Entscheidungen, die du nicht mit klugen und vernünftigen Menschen deines Vertrauens mehrmals rückgekoppelt hast. Extreme Gefühle bringen oft extreme Handlungen hervor. Und oft sind das leider auch extrem dumme Handlungen, mit denen wir uns selbst schaden. Gib deinen Gefühlen keine so große Macht über dein Leben und deine Entscheidungen. Warte mit wichtigen Entscheidungen, bis sich deine Gefühle beruhigt haben.

In einer Trennung kommen naturgemäß viele Zweifel und Ängste und Sorgen hoch: »Bin ich denn wirklich so unerträglich? Werde ich jemals wieder jemanden finden? Werden die Kinder mich jetzt hassen? Stürzt mich das jetzt in den finanziellen Ruin?«

Schmerzhafte Gedanken bringen schmerzhafte Gefühle hervor. Doch auch hier gilt: Was ich denke und was ich befürchte, ist nicht zwingend die Realität. Es kann auch ganz anders sein. Deswegen steige bitte nicht zu sehr in diese Gedanken ein. Du kannst dich hinsetzen und die Sache wirklich intensiv durchdenken, mit all den Pro- und Contra-Argumenten, aber weigere dich, deine ersten Gedanken als Wirklichkeit, als Wahrheit zu nehmen und dann in eine fiese Gedankenspirale einzusteigen, aus der du nicht mehr so schnell rauskommst.

Deine Gedanken sind nur Worte, die manchmal realistisch sind und oft auch nicht. Nimm deine Gedanken deswegen nicht zu ernst.

Übrigens: Eine Trennung und ein Jobverlust sind sehr verwandte Ereignisse. Du kannst alles, was du hier in diesem Fallbeispiel gelesen hast, eins zu eins auf den Verlust eines Jobs anwenden.

KONFLIKTE
IN DER FAMILIE

Die goldene Hochzeit deiner Eltern steht in wenigen Monaten bevor. Du denkst, das sollte man feiern. Also rufst du deine Mutter an, doch sie wiegelt ab und sagt, sie wolle später darüber reden. Du telefonierst mit deiner Schwester und auch sie ist seltsam kurz angebunden und abweisend. Eine Woche später erfährst du hintenherum, dass die Planung für die Feier schon in vollem Gange ist. Du fühlst dich hintergangen und ausgeschlossen. Du bist richtig verletzt und verstehst die Welt nicht mehr. Als du deine Mutter damit konfrontierst, sagt sie, du sollest dich nicht so haben. Und deine Schwester sagt, sie wolle darüber nicht sprechen und wird richtig unwirsch, als du weiter versuchst, die Hintergründe zu erfahren. Wie gehst du damit um, um nicht durchzudrehen?

1. PRINZIP: KONZENTRIERE DICH AUF DAS, WAS DU BEEINFLUSSEN KANNST

Als Erstes kannst du dich fragen: »Wer ist alles an diesem Konflikt beteiligt?« Vordergründig sind das drei Personen, deine Mutter, deine Schwester und du. Wobei vielleicht auch dein Vater eine Rolle spielt.

Lass uns hier ein paar weitere wichtige Fragen stellen: Hast du das Denken, Fühlen, Verhalten deiner Mutter unter Kontrolle? Leider nein.

Hast du das Denken, Fühlen, Verhalten deiner Schwester unter Kontrolle? Auch nicht.

Natürlich würdest du dir wünschen, dass dich deine Familie in die Planung miteinbezieht. Aber du kannst die Mitglieder deiner Familie nur sehr begrenzt beeinflussen.

Also, was hast du unter Kontrolle? Deine bewussten Taten, deine bewussten Gedanken und deine bewussten Entscheidungen. Was du also tun kannst, weil es in deinem Einflussbereich liegt: Suche weiter das Gespräch mit deiner Mutter und Schwester und lass nicht locker. Sprich auch mit deinem Vater, um hier vielleicht ein paar Hintergründe herauszubekommen. Bleib bei all dem freundlich und konstruktiv, gehe nicht in die Defensive. Möglicherweise kannst du auch mit anderen Familienmitgliedern sprechen, um so herauszufinden, was hinter der ganzen Angelegenheit steckt. Rede darüber, wie du dich fühlst, wenn deine Familie sich so verhält. Versuche außerdem zu analysieren, was an deinem vergangenen Verhalten zu dieser Situation beigetragen haben könnte, überlege also, was dein Anteil an der Sache ist.

Wenn du merkst, dass du mit all dem nicht wirklich weiterkommst, kannst du dich vielleicht auch dafür entscheiden, die Sache auf sich beruhen zu lassen, weil du so ja auch weniger Arbeit mit der Organisation der Feier hast.

Das wären einige Möglichkeiten, die in deinem Einflussbereich liegen. Du lenkst deinen gedanklichen Fokus immer wieder auf das, was du tun kannst, und versuchst deiner Familie auch innerlich nicht vorzuschreiben, wie sie sich zu verhalten hat und wie sie fühlen sollte. Einfach weil es komplett nutzlos ist. Bleibe bei dir und bei dem, was wirklich in deiner Macht liegt.

5. PRINZIP: SCHAUE AUF DIE GUTEN DINGE IN DEINEM LEBEN

Bei jeder Art von Konflikt hilft es, wenn du deinen Blick mal kurz weitest und das große Ganze betrachtest. Ja, du hast gerade Stress mit einem Teil deiner Familie. Und solche Auseinandersetzungen haben die Tendenz, sich in unserem Kopf komplett in den Vordergrund zu drängen.

Aber überlege doch mal, was alles in deinem Leben gut ist. Mit wem du gerade keinen Konflikt hast, und welche Privilegien du in deinem Leben genießt. Wenn du dir klarmachst, dass manche Menschen auf der Welt gerade Hunger leiden oder in einem Kriegsgebiet leben, oder dass viele gar keine Familie mehr haben, wird dir dein Problem vermutlich sehr viel kleiner erscheinen. Wenn du so über deinen Konflikt nachdenkst, dann merkst du, dass es auch in deinem Leben wichtigere und bedeutsamere Dinge gibt.

Dankbarkeit für die guten Dinge in unserem Leben lässt uns die Nickeligkeiten des Alltags besser ertragen.

6. PRINZIP: WÄHLE WEISE DIE BEDEUTUNGEN, DIE DU DEN DINGEN GIBST

Du kannst alles auf viele verschiedenen Arten betrachten. Was bedeutet es nun wirklich, wenn deine Schwester und deine Mutter mit dir nicht über die goldene Hochzeit reden wollen? Ist ihnen deine Hilfe nicht wichtig? Oder wollen sie dich vielleicht schonen, weil du in den letzten Monaten knapp am Burnout vorbeigeschlittert bist? Haben sie Angst, dass du alles zu perfektionistisch ausrichten würdest, so wie bei den letzten Feiern? Zeigt sich jetzt die alte Eifersucht und Konkurrenz deiner Schwester, die sich immer weniger geliebt gefühlt hat? Oder wollen sie einfach nicht darüber reden, weil sie gleichzeitig die Überraschungsfeier für deinen 50. Geburtstag groß vorbereiten?

Wir finden ganz automatisch Bedeutungen für Situationen, die uns verletzen. Aber sei dir bitte darüber im Klaren, dass die Bedeutung, die du einer Sache gibst, und die Realität nicht immer übereinstimmen. Es kann auch alles ganz anders sein.

Und selbst wenn deine Schwester und deine Mutter dich

wirklich absichtlich ausgeschlossen haben, dann überlege dir, welche Bedeutung du dieser Sache geben willst:

◇ Ist das für dich ein Zeichen, dich erst einmal von deiner Familie zurückzuziehen?

◇ Ist das für dich ein Hinweis, dein eigenes Fühlen und Verhalten zu überdenken?

◇ Ist die Situation ein Signal für dich, dass du emotional wieder näher an deine Familie heranrücken musst?

◇ Oder dass du dich emotional weiter entfernen willst?

Sei dir immer darüber bewusst, dass du die Bedeutungen oft frei wählen kannst, die du den Dingen gibst. Daher wähle die Bedeutung, die am besten für dich und dein Seelenheil ist. Wähle am besten die konstruktivste und heilsamste Bedeutung.

7. PRINZIP: NIMM DEINE GEFÜHLE UND GEDANKEN NICHT ZU ERNST

Unsere Familie hat eine direkte Verbindung zu unserer Seele. Niemand kann uns so wunderbar auf die Palme bringen wie unsere Eltern, Geschwister oder Kinder. Niemand schafft es, unsere wunden Punkte so virtuos zu drücken wie die Menschen, die wir am meisten lieben und mit denen wir am meisten erlebt haben.

Gerade bei unserer Familie verallgemeinern wir gern die Dinge und verteidigen unsere Ansichten mit großem Nachdruck. »Meine Schwester war schon immer eine Zicke.« »Mein Vater hat mich sowieso nie richtig geliebt.« »Und Mama hat stets versucht, mich kleinzuhalten.« In manchen unserer Überzeugungen steckt ein wahrer Kern, bei anderen liegen wir total daneben.

Dir das klar zu machen, kann dich vor dem Durchdrehen bewahren. Gerade wenn du in einem Familienkonflikt die alten Kamellen herausholst und geschickt mit aktuellen Themen verstrickst. »Sie schließen mich aus, weil meine Mama mir das einfach nicht zutraut. Vielleicht hat Papa gesagt, dass ich nicht dabei sein darf, weil er meine Schwester sowieso lieber hat. Und meine Schwester hat bestimmt wieder gegen mich intrigiert.«

Hier gilt es, die eigenen Gedanken sehr aufmerksam und gleichsam sehr skeptisch zu betrachten. Und dich immer wieder zu fragen:

◇ Ist das wirklich so?
◇ Kann ich es wirklich wissen?
◇ Habe ich Beweise dafür oder nur eine Angst, dass es so sein könnte?
◇ Ist das die Wirklichkeit oder nur ein Gedanke?

Auch in einem Familienstreit gilt: Glaube nicht alles, was dein Kopf als Gedanken ausspuckt. Wir Menschen liegen erstaunlich oft daneben mit unseren Vermutungen, Ideen und Theorien.

Sag immer wieder zu dir selbst: »Vieles, was ich hier über meine Schwester, meinen Vater und meine Mutter denke, ist nur eine Vermutung. Ich kann es nicht sicher wissen. Also bleibe ich besser bei den Fakten.« Oder anders gesagt: Nimm deine Gedanken nicht zu ernst. Wende einfach die Defusionstechniken von Seite 166 an, mit denen du Abstand zu deinen Gedanken schaffen kannst.

Und bei deinen Gefühlen ist es dasselbe: Ja, du fühlst dich enttäuscht. Du fühlst dich verletzt. Du fühlst dich übergangen und ausgegrenzt. Alles keine schönen Gefühle. Doch auch hier heißt es, dein Innenleben nicht zu ernst zu nehmen. Es ist natürlich, sich so zu fühlen. Und es ist genauso natürlich, diese Gefühle zu akzeptieren und sie dann loszulassen. Lies dir noch einmal die Übung auf Seite 165 durch. Da übst du ja, wie du mit Abstand konstruktiv auf deine Gefühle reagierst. Dann kannst du dir überlegen, wie du diese Situationen auf den Streit mit deiner Familie übertragen kannst.

Gerade in einem Streit mit den Angehörigen ist es wichtig, deine Gefühle und Gedanken nicht zu ernst zu nehmen. Denn nirgends kannst du so schnell durchdrehen wie in deiner Familie.

9. PRINZIP: DU MUSST WISSEN, WAS DIR AM WICHTIGSTEN IST

Wir lassen uns emotional extrem schnell von Kleinigkeiten in Geiselhaft nehmen, wenn uns unsere Prioritäten nicht klar sind.

Aber wenn du in jeden Moment klar vor Augen hast, was dir im Leben am wichtigsten ist, dann berühren dich die unwichtigen Dinge nicht mehr so. Wenn dir deine Familie am wichtigsten ist, dann ist so ein Streit in der Familie natürlich etwas, das du schnell und mit aller Kraft klären und aus dem Weg schaffen solltest. Denn wenn deine Prioritäten bedroht sind, dann gilt es, entschlossen zu handeln und so schnell wie möglich das konstruktive und heilsame Gespräch mit allen Beteiligten zu suchen, um die Situation besser zu verstehen und die Konfliktpunkte aus dem Weg zu räumen. Und wenn sich ein Gesprächspartner (zum Beispiel deine Schwester) verweigert, dann kannst du dich an andere Menschen wenden, um sie zu bitten, zwischen euch zu vermitteln.

Aber vielleicht ist deine Herkunftsfamilie auch gar nicht unter deinen 7 wichtigsten Werten (siehe Seite 84). Falls das der Fall ist, kannst du bei so einem Familienstreit viel entspannter reagieren. Dann kannst du dir sagen: »Ja, natürlich pikst das jetzt. Niemand will gerne übergangen werden. Aber wenn ich ehrlich bin, verbindet mich schon lange nicht mehr so viel mit meinen Eltern. Und das ist okay. Denn ich habe andere Menschen, bei denen ich mich zu Hause fühle. Deswegen ist es gut, wenn ich diese Sache hier jetzt loslasse.«

Aber das geht nur, wenn du deine Werte wirklich jeden Tag in deinem Alltag klar vor dir siehst. Wenn du an jedem Tag klar siehst, was dir wichtig ist und was eben auch nicht.

MASSIVE SELBSTZWEIFEL

Du bist gerade im Prozess, dich selbstständig zu machen. Die ersten Schritte sind getan. Dein Angebot ist klar, du willst selbstständigen Handwerkern helfen, ihr Büro besser zu organisieren und Rechnungen schneller rauszuschicken. Die Arbeitszeit bei deinem alten Arbeitgeber hast du schon auf die Hälfte reduziert, damit du mehr Zeit für deinen neuen Job hast. Sogar der erste Kunde ist schon da. Eigentlich bist du auf dem Weg und es sieht gut aus.

Aber eines Morgens wachst du auf und hast einen richtigen Knoten im Bauch. Über Nacht hat du dir einen richtig bösen Selbstzweifelvirus eingefangen. Einen, bei dem du anfängst, alles infrage zu stellen. Bei dem der Himmel, der gestern noch blau und freundlich erschien, auf einmal ganz düster aussieht.

Du zweifelst plötzlich an deinen Fähigkeiten. Du zweifelst an deinem Angebot. Du zweifelst an deiner Fähigkeit, mehr Kunden zu gewinnen, wo dein erster Kunde ja ein Bekannter ist. In der Außenwelt hat sich nichts geändert. Nur in dir drin sind deine Ängste und Sorgen aus den tiefsten Schichten deines Unterbewussten an die Oberfläche gestiegen und liegen dir jetzt wie ein großer, pulsierender Stein im Magen.

Was tut also der versierte Anwender der 10 großen Prinzipien?

1. PRINZIP: KONZENTRIERE DICH AUF DAS, WAS DU BEEINFLUSSEN KANNST

Natürlich, ob deine Selbstständigkeit erfolgreich wird, das unterliegt nicht allein deiner Kontrolle. Das anzuerkennen, ist wichtig. Und ja, vielleicht wollen deine Kunden deine Leistung nicht. Was sie wollen oder nicht wollen, hast du nicht in der Hand. Was du aber tun kannst, ist, so lange und intensiv mit potenziellen Kunden zu reden, bis du herausgefunden hast, was genau sie brauchen und worauf es ihnen ankommt. Um ihnen dann genau das anzubieten.

Ja, vielleicht reichen deine Fähigkeiten (noch) nicht aus, um deine Kunden hundertprozentig zufriedenzustellen. Denn was deine Kunden zufriedenstellt, können nur sie selbst entscheiden. Was du aber machen kannst, ist dazuzulernen, zu trainieren und besser zu werden. So lange, bis deine Kunden zufrieden sind.

Als Selbstständiger gibt es vieles, das du nicht unter Kontrolle hast. Die allgemeine Wirtschaftslage, Moden und Trends, Veränderungen, die deine Branche durcheinanderwirbeln und deine Leistung womöglich unnötig machen.

Doch jeden Tag kannst du beeinflussen, wie du auf die Wirtschaftslage, die Moden und die Branchenveränderungen reagierst. Du kannst deine Kunden klug auswählen und Nein zu denen sagen, die dich nur ausnutzen wollen oder die menschlich fragwürdig sind. Du kannst finanziell für Durststrecken vorsorgen und du kannst jeden Tag dein Bestes für deine besten Kunden geben. Wenn du das tust, dann hast du alles getan, was du als Selbstständiger tun kannst. So wie die meisten erfolgreichen Selbstständigen da draußen auch.

Überlege dir, was du beeinflussen kannst, tue alles Notwendige und Sinnvolle und ignoriere die Dinge, die außerhalb deines Einflusskreises liegen (Seite 110).

2. PRINZIP: VERMEIDE ÜBERLASTUNG

In der Anfangszeit ist eine Selbstständigkeit meistens richtig anstrengend. Gerade, wenn du parallel noch einen Brotjob hast, bis du mit deinem zweiten Standbein deinen ganzen Lebensunterhalt erwirtschaften kannst. In dieser Übergangsphase ist es wichtig, dass du sehr geschickt mit deinen Kräften umgehst. Der Anfang könnte ein Stressjournal sein (Seite 119). Und dann kann es notwendig sein, dass du Verpflichtungen aussortierst, die im Augenblick nicht wirklich notwendig sind.

3. PRINZIP: FINDE DEINE AUFGABE

Ist deine Selbstständigkeit nur eine selbstgewählte Art, um deinen Lebensunterhalt zu verdienen? Oder ist es auch eine Aufgabe, der du dich mit Leib und Seele verschreibst? Tust du es nur wegen des Geldes, oder auch, um als Büro-Dienstleister mehr Struktur, Verlässlichkeit, und Ordnung in die Welt der Selbstständigen zu bringen?

Deine Selbstständigkeit als deine Aufgabe zu betrachten, ist ein gutes Gegengift gegen Zweifel und innere Widerstände aller Art. Denn wer eine wirkliche Aufgabe hat, der tut meist einfach das, was getan werden muss, auch wenn er einmal zweifelt. Dieses tiefe Gefühl, dass es deine Aufgabe, deine Herausforderung ist, lässt dich mit jeder Schwierigkeit so viel kraftvoller umgehen. Die Aufgabe in dir ist wie ein stabiles Fundament, auf dem all dein Wirken und Wollen stabil verankert ist. Sodass ein kleiner Zweifel oft zu einer Nebensächlichkeit wird.

6. PRINZIP: WÄHLE WEISE DIE BEDEUTUNGEN, DIE DU DEN DINGEN GIBST

Eine Selbstständigkeit ist gefühlt immer auch ein Test der eigenen Person. Und das Ergebnis dieses Testes ist der Erfolg oder das Scheitern. Wenn dir ein Zweifel zu sehr den Boden unter den Füßen wegzieht, dann kann es sein, dass du dem Scheitern eine ganz bestimmte Bedeutung gibst.

Wäre ein Scheitern deiner Selbstständigkeit ein Zeichen dafür, dass du ein Versager bist? Oder dass du in deinem Leben nie auf einen grünen Zweig kommen wirst? Oder dass du nie mehr glücklich werden kannst? Dass alle mit dem Finger auf dich zeigen und über dich lachen werden?

Oder wäre das Scheitern deiner Selbstständigkeit ein Zeichen dafür, dass du noch nicht deine richtige Aufgabe gefunden hast? Dass die Geschäftsidee nicht richtig zu deinen Werten gepasst hast? Dass du das nächste Mal einfach noch mehr nachdenken, dich anstrengen und noch klüger vorgehen musst? Und schließlich, dass das Leben eben aus Erfolgen und Misserfolgen besteht und dass man oft ein paarmal scheitern muss, bevor man dann erfolgreich wird?

Wenn du Zweifel bekommst, dann frage dich ruhig einmal, was das Schlimmste ist, das passieren kann. Und welche Bedeutung du dieser Sache gibst. Aber nicht nur, wenn du Zweifel hast. Frage grundsätzlich nach deinen Bedeutungen, wenn du Angst, Sorgen, Druck oder Traurigkeit spürst.

7. PRINZIP: NIMM DEINE GEFÜHLE UND GEDANKEN NICHT ZU ERNST

Zweifel sind Gedanken. »Was, wenn das nicht klappt?« »Was, wenn ich doch nicht gut genug bin?« »Was, wenn ich mittendrin merke, dass das doch nicht das Zeug dazu habe?«

Natürlich: Zweifel können manchmal nützlich sein. Sie können ein Hinweis aus unserem Inneren sein, dass wir noch einmal genauer über eine Sache nachdenken sollten. Aber in geschätzten 95 Prozent aller Fälle sind Zweifel einfach nur der fehlplatzierte Ausdruck einer inneren Unsicherheit oder eines fehlenden Selbstvertrauens. Und in diesem Fall gilt: Lass die Zweifel da sein. Sag ihnen freundlich Hallo. Und nimm sie nicht so ernst.

DAMIT NICHT ALLES UMSONST WAR

Wir kommen nun zum Ende dieses Buches. Ein Buch, in dem es darum ging, wie du in dieser verrückten Zeit voller schwieriger Situationen nicht durchdrehst. An dieser Stelle möchte ich dir noch einige Hinweise geben, wie du jetzt ganz konkret weitermachen, wie du also die Ideen aus dem Buch in deinen Alltag übertragen kannst. Denn wir wissen beide: Wenn du das Buch jetzt zur Seite legst, werden die Prnzipien und Techniken im Nirvana verschwinden. Du wirst vielleicht irgendwann einem Freund in Schwierigkeiten bei einem Bier davon erzählen, aber anwenden wirst du sie nicht. Was bedeutet: Du wirst irgendwann durchdrehen. Und das will ja keiner.

Deswegen meine große Bitte an dich: Nutze die Techniken aus dem Buch und mache sie dir wirklich zu eigen. Baue sie in dein Leben ein, damit dein Alltag entspannter und schöner wird.

Ich möchte auch nicht, dass irgendwann jemand sagt: Was der Senftleben da schreibt, das funktioniert ja gar nichts. Denn was der Senftleben schreibt, das funktioniert sehr wohl. Allerdings nur, wenn du es auch wirklich umsetzt. Daher hier noch einige Maßnahmen, wie du das bewerkstelligen kannst.

MASSNAHME 1:
VERINNERLICHE DIE PRINZIPIEN

Ab Seite 98 findest du ja diesen Selbsttest. Mit dem kannst du dich immer wieder selbst überprüfen und schauen, wo du dein

Leben gerade kompliziert machst, weil du eines der 10 Prinzipien nicht berücksichtigst.

Ich würde dich gerne jede Woche einmal anrufen und dich daran erinnern, diesen Test zu machen. Aber ich muss auch auf meine Telefonrechnung achten, deswegen musst du das selbst übernehmen. Trage dir also eine Erinnerung in deinen Kalender oder dein Smartphone ein und gehe den Test für einige Monate einmal pro Woche durch. Überprüfe, wo du gegen die Prinzipien denkst oder handelst.

Wenn du merkst, dass du mit einem Prinzip Schwierigkeiten hast, kannst du ja noch einmal gezielt das Kapitel und die Techniken dazu überfliegen. Dann behältst du die Ideen in deinem Bewusstsein, die du gerade am meisten brauchst.

MASSNAHME 2:
DIE TECHNIKEN ÜBEN

Ja, ich weiß es. Üben ist irgendwie langweilig. Dabei gibt es bei den Techniken eine Menge, das sich zu üben lohnt. Denn wenn du die Techniken im Alltag souverän und aus dem Effeff beherrschst, wirst du gelassen und entspannt wie ein Buddha.

Nimm diese Techniken daher ernst und übe sie ein. Fang mit der an, die am meisten zu dir spricht. Wähle dann irgendeine doofe Sache aus, die dich gerade ein bisschen aus dem Gleichgewicht bringt. Am besten nicht dein großes Lebensthema, denn zum Üben eignen sich eher die kleinen Themen, und dann wende die Technik auf das kleine Thema an.

Vielleicht machst du dir eine Liste, wo du ein Prinzip oder eine Technik aus dem Buch anwenden könntest, und dann formulierst du für jede Situation eine Implementation Intention, die du dann mit einem mentalen Training unterstützt. So kannst du die Ideen aus diesem Buch in dein Leben bringen.

MASSNAHME 3: EIN JOURNAL ANLEGEN

Man sagt ja so schön: Wer schreibt, der bleibt. Ich möchte das abwandeln in: Das, worüber du schreibst, das bleibt. Oder noch anders gesagt: Wenn du anfängst, ein Tagebuch darüber zu schreiben, wie du die Techniken aus diesem Buch in dein Leben bringst, dann wird es dir leichter fallen, an deinem Veränderungsprojekt dran zu bleiben. Wenn du aufschreibst, was du versucht hast, was geklappt hat und was nicht.

Wenn wir eine Sache, die wichtig für uns ist, schriftlich dokumentieren, heben wir sie in unserem Denken auf eine höhere Ebene. Indem wir darüber schreiben, verankert sich etwas noch besser in unserem Bewusstsein. Und dadurch steigt die Wahrscheinlichkeit, dass diese Sache wirklich ein fester Bestandteil unseres Lebens wird.

Hier einige Fragen, die du nutzen kannst, um dein Veränderungsprojekt in einem Journal zu dokumentieren:

◇ Was will ich verändern?
◇ In welcher Situation will ich dazu welches Prinzip berücksichtigen und welche Technik anwenden?
◇ Was tue ich dazu in der entsprechenden Situation ganz konkret?
◇ Wie sieht die Implementation Intention dazu aus?
◇ Wann habe ich das neue Verhalten ganz konkret angewendet?
◇ Was ist dabei herausgekommen? Wie habe ich es erlebt? Was hat geklappt? Wo hatte ich Schwierigkeiten?

Wenn du dir diese Fragen über einen gewissen Zeitraum immer wieder stellst und beantwortest, wirst du merken, was gut funktioniert und was nicht. Und auch wo du dein Verhalten noch anpassen musst. Dein Journal hilft dir, einfacher zu lernen und systematischer vorzugehen.

Zum Abschluss noch ein Mantra, das du dir wieder und wieder sagen kannst, um die Prinzipien aus diesem Buch in deinem Leben zu stärken. Damit du immer gelassener wirst, immer mehr zu dem sprichwörtlichen Fels in der Brandung.

DEIN GELASSENHEITSMANTRA

Möge ich immer gelassen und bei mir sein. Weil ich gut auf mich aufpasse, auf das, was ich tue, und das, was ich denke.

Möge ich immer die Kraft haben, mich nur um die Angelegenheiten zu kümmern, die in meiner Macht stehen.

Möge ich auch die Kraft finden, zu erkennen, wenn ich mich um etwas kümmere, das mich nichts angeht – um mich dann schnell wieder den Dingen zuzuwenden, bei denen ich etwas bewirken kann.

Ich will bei mir sein und bei mir bleiben, bei den Dingen, die ich tue, und den Dingen, die ich zu mir und zu anderen sage. Denn alles andere geht mich nichts an.

Und dabei will ich achtsam sein für meine Kraft und das, was ich leisten kann und was nicht. Damit ich mir nicht mehr vornehme, als ich bewältigen kann, ohne durchzudrehen.

Möge ich meinen Platz in der Welt finden und eine Aufgabe, die mir Sinn und Halt gibt. Damit ich etwas habe, auf das ich meine Liebe und Schaffenskraft richten kann. Um mich vor der Verführung zu bewahren, mich mit Dingen zu beschäftigen, die mich nichts angehen.

Möge ich die Welt immer so sehen, wie sie ist. Mit ihrem Licht und ihrem Schatten. Mit dem Guten und dem Schlechten.

Ich will immer auch meine Ohren öffnen für das Gute, das so viel leiser ist und deswegen schnell überhört wird. Und möge ich in meinem bescheidenen Rahmen ein Teil dieses Guten sein, um die Welt ein klein wenig heller und schöner zu machen.

Möge mein Blick wieder und wieder zu den guten Dingen im

Leben allgemein und besonders in meinem Leben wandern. Damit ich das Licht in meinem Leben nicht als selbstverständlich nehme, sondern mich jeden Tag daran erfreue.

Und möge ich mit dem Leben spielen und den Dingen meine eigene Bedeutung geben. Eine Bedeutung, die mich nicht schwächer, sondern stärker macht und mein Leben schöner. Weil ich weiß, dass in allem, was passiert, eine Chance und ein Geschenk und eine Lernerfahrung steckt, wenn ich nur hinschaue.

Möge ich mich und mein Innenleben immer besser verstehen und die Impulse aus meinem Inneren niemals zu ernst nehmen. Denn ich bin nicht meine Gefühle und ich bin nicht meine Gedanken. Ich bin so viel mehr. Ich will auf meine Gefühle und Gedanken schauen, wie eine liebevolle Mutter, und mich selbst sanft in die richtige Richtung lenken, wie ein liebevoller Vater.

Ich will mich kunstvoll in den Zeiten bewegen. Ich will die Schätze der Vergangenheit heben und wertschätzen und den Groll hinter mir lassen. Und ich will mich nie um die Zukunft sorgen, sondern nur klug auf das vorbereiten, was kommen könnte. Aber den größten Teil meiner Zeit will ich im jetzigen Augenblick verbringen, dem einzigen Ort, wo ich die Freude empfinden kann.

Möge ich immer wissen, was mir wirklich etwas bedeutet, und möge ich immer dafür sorgen, dass ich lebe, was für mich wertvoll ist. Denn meine Werte zu leben ist der wahre Quell tiefer Zufriedenheit.

Und möge ich immer die Kraft haben, meine Probleme zu erkennen und zu lösen, um mein Leben immer mehr zu dem zu machen, was ich brauche, um zu leuchten.

Möge ich immer die Kraft haben, diese Prinzipien zu leben.

Mit diesen Worten möchte ich mich von dir verabschieden. Alles Gute für dich. Pass auf dich auf.

Pass auf, dass du nicht durchdrehst.

Jetzt hast du ja das Handwerkszeug dazu.

Ralf

BÜCHER UND ADRESSEN

Richard Bandler und John Grinder: *Reframing. Ein ökologischer Ansatz in der Psychotherapie*, Junfermannsche Verlagsbuchhandlung

Viktor E. Frankl: *Trotzdem Ja zum Leben sagen. Ein Psychologe erlebt das Konzentrationslager*, Penguin

Massimo Pigliucci: *Die Weisheit der Stoiker. Ein philosophischer Leitfaden für stürmische Zeiten*, Piper

Hans Rosling: *Factfulness. Wie wir lernen, die Welt so zu sehen, wie sie wirklich ist*, Ullstein.

Matthias Wengenroth: *Das Leben annehmen. So hilft die Akzeptanz- und Commitmenttherapie (ACT)*, Huber

Bücher aus dem Gräfe und Unzer Verlag

Attila Albert: *Ich mach da nicht mehr mit. Wie du dich endlich abgrenzt und auch mal die anderen leiden lässt*

Biyon Kattilathu: *Der Rikscha-Fahrer, der das Glück verschenkt*

Ali Mahlodji: *Entdecke dein Wofür. Der Weg zu einem Leben, das wirklich deins ist*

Franz Sperlich: *Wenn du kein Problem hast, mach dir eins. Warum unsere grauen Zellen Herausforderungen brauchen – und wie wir damit glücklich werden*

Katharina Tempel: *Gib dir die Liebe, die du verdienst*

Mehr von Ralf Senftleben

Hat dir dieses Buch gefallen? Dann besuche doch meine Website www.zeitzuleben.de. Dort findest du über 250 Artikel, Formulare und Selbstlernkurse. Also alles, was dir dabei hilft, dein Leben kraftvoll und achtsam zu leben, ohne dabei durchzudrehen.

MEHR ENERGIE,
MEHR WOHLBEFINDEN!

IMPRESSUM

© 2020 GRÄFE UND UNZER VERLAG GmbH, München

Projektleitung: Reinhard Brendli

Lektorat: Anne Nordmann

Umschlaggestaltung und Layout: independent Medien-Design, Horst Moser, München

Illustrationen: Serge Bloch (Umschlagvorderseite), Claudia Lieb (Innenteil)

Autorenfoto: Björn Schönfeld

Syndication: www.seasons.agency

Herstellung: Susanne Fuhrmann

Satz: Uhl + Massopust, Aalen

Repro: Longo AG, Bozen

Druck & Bindung: Drukarnia Dimograf, Polen

ISBN 978-3-8338-7501-4

3. Auflage 2021

 www.facebook.com/gu.verlag

Umwelthinweis
Dieses Buch ist auf PEFC-zertifiziertem Papier aus nachhaltiger Waldwirtschaft gedruckt.

GRÄFE UND UNZER

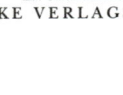

Ein Unternehmen der
GANSKE VERLAGSGRUPPE